龍馬《りょうま》降臨《こうりん》

幸福実現党・応援団長 龍馬が語る
「日本再生ビジョン」

幸福の科学グループ
創始者兼総裁
大川隆法
RYUHO OKAWA

本霊言は、2010年1月6日（写真上・下）、幸福の科学総合本部にて、
質問者との対話形式で公開収録された。

まえがき

驚きであろう。衝撃《しょうげき》であろう。今、話題の坂本龍馬が降臨して三時間も公開の場で霊言《れいげん》したというのだから。しかも、日本という国を根本的に再生させるべく応援しているというのだから。

しかし、事実は事実、真実は真実。日本最大級の宗教団体の総裁が、公開の場で「坂本龍馬の新霊言」をしたのであるから、相当のリスクを伴う不退転の覚悟があった事実は揺るがない。私もまた、勇気の人でありたい。

龍馬さんが語ることは実に痛快《つうかい》である。しかし、底には深い愛が流れている。「日本」という近代国家をデザインした人の、国家再生法にじっくりと耳を傾けてほしい。

二〇一〇年　一月十四日

幸福《こうふく》の科学《かがく》グループ創始者兼総裁《そうししゃけんそうさい》　大川隆法《おおかわりゅうほう》

龍馬降臨　目次

第1章　日本を根本《こんぽん》からつくり直せ

二〇一〇年一月六日　坂本龍馬の霊示

第2章　幸福維新《いしん》の志士よ、信念を持て

二〇一〇年一月六日　坂本龍馬の霊示

第1章

日本を根本《こんぽん》からつくり直せ

二〇一〇年一月六日　坂本龍馬の霊示《れいじ》

坂本龍馬《りょうま》（一八三五〜一八六七）
土佐《とさ》出身の幕末の志士。

質問者
木村智重《きむらともしげ》（幸福実現党党首）
黒川白雲《くろかわはくうん》（同政調会長）
綾織次郎《あやおりじろう》（「ザ・リバティ」副編集長 兼
幸福実現党政調会長代理）
［役職は収録時点のもの］

1　日本の政治とマスコミの現状

坂本龍馬《りょうま》は幸福実現党の応援《おうえん》団長

大川隆法　では、前回の松下幸之助《こうのすけ》氏の霊言《れいげん》に続いて、公開で「坂本龍馬の新霊言」をやってみたいと思います。

最近、四半世紀ほど前に録《と》った、坂本龍馬ともう一名の人との連名の霊言を発刊したのですが〔注１〕、龍馬さんのほうから、「こんな古いもん出しおって」と、だいぶ叱《しか》られました。「時代の流れに合《お》うとらん。今年の龍馬ブームに合わせて、新しい霊言を録らんというのは、そもそも弟子《でし》に企画力《きかくりょく》がない」と、お叱りを受けました。

昨年の幸福実現党の草創期より、坂本龍馬は、指導霊《しどうれい》の一人として活躍《かつやく》し、特に、「応援団長」的役割で牽引車《けんいんしゃ》になっていたと思います。

さぞかし、現在の実情に、縷々《るる》、不満があるのではないかと思われます。

このあと、いかなる言葉が出てきても、大川隆法個人は責任を取れませんので、質問者は各自で受け止めていただきたいと考えます。

霊言を、全部、土佐弁《とさべん》でやると、会話が成立しませんので、そういう言葉も一部は出ると思いますが、やや関西なまりや東京弁も使って、会話が成立するレベルにしたいと思います。

現代的な知識に関しては、私の持っている知識の一部を利用して話をされることはあるかと思いますが、基本的な考え方や意見の方向性等は龍馬さんの個性だと考えていただいて結構です。

なかには、一部、失礼に当たる言葉や、おそらくは放送コードに引っ掛《か》かるような言葉も出るのではないかと予想されますが、〝ストーリー〟が今のところ読めません。

肉体なき人の言葉なので、そのままお伝えしますが、どうか、あまり、憤慨《ふんがい》したり怒《おこ》ったりしないようにしてください。「何らかの教訓を含《ふく》んでいるものだ」というようにお考えくだされば幸いです。

それでは、坂本龍馬さん、ここに、幸福実現党の役員、それから「ザ・リバティ」編集部の人が来ているので、二〇一〇年の年初に当たり、新しい政治・経済等の諸《しょ》潮流を見ながら、アドバイスやご意見、その他《た》がありましたら、霊言を賜《たまわ》りたいと思います。よろしくお願いします。

（約十五秒間の沈黙《ちんもく》）

坂本龍馬　ああ。で、何が訊《き》きたいわけ？

木村　では、私から質問させていただきます。私は幸福実現党党首の木村智重《ともしげ》です。

坂本龍馬　知ってるよ。

木村　私は、一九八七年、最初に『坂本龍馬の霊言』［注2］を読んで感動し、幸福の科学の信者になった男です。

坂本龍馬　だけど、疑ったな。

木村　……すみません（苦笑）、遅《おそ》くなりまして。

坂本龍馬　困っただろう。それが、あなた、ディベートで負ける原因なんだ。そこで沈黙したら、君、政治では勝てんのだよ。「疑ったな」と言われたときに、「いえ、そんなことはございません」と、嘘《うそ》でもすぐに言わなきゃ、政治家にはなれないんだよ、君。分かるかい。落選だ。今の一言で決定だ。

木村　分かりました。

坂本龍馬　いいか。頑張《がんば》れ。

木村　私は、霊言集を読んだ瞬間《しゅんかん》に、「これは本物である」というふうに感じ入りました（会場笑）。

坂本龍馬　ああ、そうだ。そう言わなきゃいかん。それが言えなきゃ、政治家になれんのだ。

木村　いや、これは冗談《じょうだん》ではなくて、本当でございます。

坂本龍馬　うん、そうだ、そうだ。うん。

木村　ただ、会員になるのは少し遅《おく》れたわけではありますけれども……。

坂本龍馬　そうだな、疑い深いからなあ。

木村　それで、龍馬先生におかれましては、今、幸福実現党の応援団長として、さまざまなご支援《しえん》やご指導を賜っておりますことに、心から感謝しています。

坂本龍馬　ちょっとだけ感じてるよ。

木村　はい。

坂本龍馬　わしゃ、金がないからな。わしに祈《いの》っても、金は出んぞ。うん。

木村　今年は、NHKの大河ドラマ「龍馬伝」が始まって、日本国中で、龍馬ブームといいますか、龍馬先生の人気が沸《わ》き起こっていますので、「幸福実現党の応援団長として働いていただける」ということに対しては、非常に心強く思っております。

坂本龍馬　だから、その「龍馬伝」の視聴率《しちょうりつ》を下げるような動きをせんようにな。

木村　はい。

坂本龍馬　それは、しっかり頼《たの》むね。

木村　はい。ご指導の内容を、しっかりと、この地上界に展開させていきたいと考えております。

私からの質問ですが、昨年の夏、私たちは、衆議院選挙を戦いましたが、残念ながら、民主党政権が九月に誕生し、われわれが訴《うった》えたところの国難が現実化しているように思います。

龍馬先生が、天上界《てんじょうかい》から、今の現状をどう見ておられるのか。そして、それを踏《ふ》まえ、新しい「船中八策《せんちゅうはっさく》」とも言うべき、新たな国家ビジョンについて、どのように考えておられるのかを、お聴《き》かせいただければ幸いです。

マスコミは最初から民主党政権をつくるつもりだった

坂本龍馬　わしは、マスコミはいかんと思うよ。もし、あれが民主党でなくて、自民党だったらだよ、自民党の総理が鳩山由紀夫《はとやまゆきお》でね、自民党の幹事長が小沢一郎だったら、もう辞《や》めてるよ。あの内閣は、もう潰《つぶ》れてるはずだよ。民主党だったからね、マスコミは、追及《ついきゅう》してるふりをして、辞めさせないだろ？

それは、自分らがつくった政権だからだよ。そういうふうに、「自分らがつくった」っていう自覚が背景にあるわけだよな。だから、あんたがた、選挙を戦ったつもりでいるけど、はなから彼らのスケジュールに入っとらんわけだよ。彼らは、民主党政権をつくるつもりでいたんだから。

あなたがたは、まあ、〝胡麻《ごま》の蠅《はえ》〟だよ。蠅みたいにブンブン飛んでるだけで、「なんしに出てきたんだ」っちゅうなもんだよなあ。「テレビで一秒やるのも惜《お》しいわい」「新聞だって、そんなもん、五行以上やれるか」っちゅうのが、テレビ人、あるいは新聞人の本音や。やつらにはストーリーができとるんだ、去年の四月からな。

「民主党政権をつくり、自民党を潰すことで、世直しができた」ということで、「マスコミは正義を実現し、そして、政権交代が起きて、日本も、アメリカみたいな、偉大《いだい》な民主主義の国になったんじゃ」と。これが、やつらのビッグストーリーじゃな。

そのストーリーのなかに、あんたらは入れてもらえんかったっちゅうことだな。余分なのが入ってきて脇道《わきみち》にそれたら、記事が書けんようになるから。だから、もう最後の見出しまで決まっとるわけだ。「新総理誕生」「政権交代」「日本に、新しい二大政党による民主主義の時代が来た」と、もうストーリーが出来上がっとるわけじゃ。今年の大河ドラマの「龍馬伝」のストーリーが、だいたいできとるんとおんなじようにな。だいたい、そんなようなもんじゃ。

今んところ、今年もまだ、あんたらはストーリーのなかに入っとれへんぞ。このストーリーのなかに入り込《こ》まないかん。どうやって入り込むんだ？

それには、「マスコミは、けしからん。なんで鳩山や小沢の金権政治を追及せんのか。もっとはっきりと、『おまえら、辞めんかい』と、なんで言わんのだ。ちゃんと追及せんかい」と、やはり言うべきだよ。それは国民の声の代表なんだから、それを言えばだなあ、何か動かないかん。そうだろう。

だから、新聞の記事の見出しに載《の》せたって、辞めさせる気なんか、ありゃあせんのだよ、今んとこな。まだまだ続いていくつもりでいる。これは、何というか、映画で言やあ、殴《なぐ》ってるふりしてだなあ、実際には、殴ってる音は、ほかのとこで牛肉でも叩《たた》いた音を録音して流してるようなもんだね。実際に当たったら痛いからな。俳優さん、顔が腫《は》れ上がろうが。

だから、そんなようなもんで、バッシングしてるふりして、ほんとは、してないんだ。そういう汚《きたな》い世界なんだ。裏取引がいっぱいあって、政界の上のほうとマスコミの上のほうとが癒着《ゆちゃく》して、裏で、いっぱい相談してるんだ。

それで、なんじゃかんじゃ言うて、日本を動かしてるつもりでおるんだ。そらあ、もう、天誅《てんちゅう》や。天誅加えないかん。だから、「正義に適《かな》わんことをやってる」と思うたら、やはり、それはズバッと言わないかんと思うなあ。

政党助成法の廃止《はいし》を訴《うった》えよ

それから、去年は、「政党助成法に言う政党でないから、幸福実現党なんか扱《あつか》わない」なんて言ってたな。

それなら、「政党助成法なんかやめてまえ」って、なんで言わんのだ。「そんなもんつくる必要はないわ。おまえらが政治家を続けるために、なんで国費を使わないかんのか。国が財政赤字じゃないか。やめてまえ」って。

「こんなもの支給する必要ないわ。おまえらの給料を払《はら》うために、なんで国費を使わないかんのだ。それは、おまえらの私利私欲じゃないか。新しい人が出てこれんじゃないか、これじゃあ」って。

すでに当選した人は、国から助成金をもらって、税金使って、当選を続けられるんだろ？　新しい人は出てこられんじゃないか。

選挙で金を使うと、その出所《しゅっしょ》を細かくいろいろとやられてねえ。それで、もうすでに議員になっとる人は、あんた、何億円も母親からもろうて、あれやろ、それで無罪放免《ほうめん》やろ？

要するに、自分が母親からもろうたもんだから、「日本の子供たちに国の予算をばらまこう」なんて言ってるわけやろ？　ま、発想が単純や。まるで子供だね。全然、一歩も大人になんかなってへんぞ、こんなの。

公正な報道をしないマスコミの〝腐敗《ふはい》の構造〟を暴《あば》け

だから、あんたらに言いたいことはだなあ、品が良すぎて、正当に怒《いか》るべきことを怒っとらんっちゅうことだ。それが、いちばん、いけんとこだな。右翼《うよく》も弱《よわ》あなって、今、泣きついてきてるぐらいだと聞いとる。右翼も力ないんだろう。かわいそうやないか。だから、もう、右翼も乗っ取ったれ。

それで、ちょっと、右翼の代わりにね、ガンガン言うてやったらええ。「亡国は民主党だけとちゃうぞ。マスコミも亡国じゃ。おまえら一蓮托生《いちれんたくしょう》じゃ。地獄《じごく》へ行け！」っちゅうて、そのぐらい言わんといかん。

「ほんとに、このままでは、この国、滅《ほろ》びるぞ。責任取ってくれるんか」と。「責任を取るつもりやったら、今から、もう、〝タイタニック〟が沈《しず》んだときのためのボートを用意せんかい」っちゅうて、言わないかん。

そのための税金をかけないかん。それはマスコミ税だ。「国民を救うためのマスコミ税を〝ボート〟として用意せい」と、そのぐらい言わないかんぐらいだ。「そうでなかったら、ちゃんと公正な報道せんかい」と、そのぐらい、やはり腹を据《す》えて言わんといかんぞ。

なめられとるんだ、完璧《かんぺき》に。だから、「記者会見に来て取材するのはええけど、おまえら、一行も書かんのやったら、もう二度と来るな！」って言って、塩を撒《ま》け。もう、そのぐらいせんといかん。時間の無駄《むだ》だ、そういうものは。

それで、「赤字をつくって税金を払わんようにしとるんやろうが。ちゃんと税金を払わんかい。おまえら、経費をいっぱい使《つこ》うて利益を減らして、税金を払わんのやろうが。そんな無駄な仕事するのやめて、ちゃんと利益をためて税金を払え、まずマスコミが率先して」と。そうしたら、ほかの会社も払うようになる。脱税《だつぜい》もやっとるじゃないか。そんときのために、政治家とつるんどるんやろうが。しょっちゅう、大手新聞とかも脱税やっとるから、何かのときに抑《おさ》えるために、政治家と裏でつるんどるんやろうが。そんなの分かっとる。こういう腐敗《ふはい》の構造を、やはり暴《あば》かないかん。

そのためには、命知らずが要《い》る。「右翼でさえ通用しない」って言ってるんだから、そりゃ、宗教の出番だ。「おまえら、地獄に堕《お》としたる。わしらの一存じゃ。エル・カンターレが怒《いか》ったら、おまえら、みな地獄行きだ!」って、そのぐらいの迫力《はくりょく》を背景に持っとったら、ほんなもん、全然、怖《こわ》いもんなしだ。

あっちはねえ、ほんとは部数が減るのが怖いんじゃ。視聴率が減るのが怖いんだよ。「〇〇テレビを見るのをやめましょう。〇〇新聞を取るのをやめましょう」って、拡声器で叫《さけ》ばれただけで、十分にボディブローが効いて、たちまち、社長以下、おたおたして重役会議だよ。弱いもんだよ。自分らは、攻撃《こうげき》に対しては、とっても弱いんだよ、ほんとはな。

マスコミ税をかけるぐらいの迫力《はくりょく》が必要

わしが、なんか脅《おど》しをけしかけてるみたいで悪いし、あんまり新春から品がないのでやめるけども、その程度の侍《さむらい》精神を持っとらんかったらいかんぞ。

そういう意見を正々堂々と言えるようでないといかん。お願いしたり媚《こび》を売ったりする必要なんかないぞ。「あんたらの不正を暴きたいんだ」ぐらいの気持ちでいかなあかんわね。「国を悪うしとるのと組んどるやろうが」ということだな。それは、もう、天誅を加えられてもしょうがない。

「わしらが政権を取ったら、おまえらにバシバシ税金をかけたる」っちゅうぐらいの迫力《はくりょく》だな。「マスコミ税で、普通《ふつう》の企業《きぎょう》の倍かけたる。最後は九十パーセントまでかけたる」（会場笑）。それだと、絶対、潰れるな。「潰れるところまでかけたる」言うて、「幸福実現党を応援して書かんかったら、もう、税率九十パーセントじゃ」っちゅうて、脅し上げるぐらいやりたいなあ。

そのぐらい言わんと分からんのだ。痛い目に遭《あ》わんかぎり、全然、分からん。何も分かっとらん。

もう、全部、ただで何でも情報が入って、書き放題で儲《もう》けられると思うとる。あれ、勘違《かんちが》いしとるんだ、ほんまに。あれ、ちょっといかんなあ。次は、幸福実現党に来るときに拝観料ぐらい取ったほうがええかもしらんなあ。

まあ、それが、去年についての、わしの分析《ぶんせき》だ。

今のマスコミは本当に大事な仕事をしていない

今のマスコミの仕事も、全然、仕事になっとらん。マスコミが仕事をしてないので、宗教が、政党の仕事もマスコミの仕事も、今、両方やろうとしとるんだ。そういうこっちゃ。これが今のあんたがたのあり方だろうし、宗教団体としてのメディア的な動きの意味は、こういうことやろ。

「日本の国に正義を打ち立てたい」ということだな。ほかんところは、政治からの圧力にもマスコミからの圧力にも弱いけども、怖くないとこが日本に一つだけある。それが幸福の科学だ。なんにも怖あない。それは、ここだけだ。いざとなったら、徹底的《てっていてき》に戦いに入るので、それは、みんな、よう知っとる。

まあ、宗教ほど怖いものは、この世にはないんだ。うん。

人間には、かすかには信仰心《しんこうしん》があるからなあ。動物でない以上、かすかな畏《おそ》れは、誰《だれ》だって持っていて、「信じてない」と言うても、信仰心を持っとるんだ。だから、その辺について、あんたがたは、「いい記事を書いたら天国に行けるけど、悪い記事を書いたら地獄に行く。いい放送をかけたら天国に行くけど、悪い放送をかけたら地獄に行く。それを判定するんは、うちの総裁だ。これが基準じゃ。知らんかったか？　知らんかったら、『太陽の法』（大川隆法著、幸福の科学出版刊）から全部読め！」っちゅうて、言わないかん。

まあ、この辺が分かっとらんし、本当にいちばん大事なニュースを流しとらん。これがいかんわなあ。

そういう意味で、もう一段、やはり、スケールアップして、迫力と気迫《きはく》を持ってやらないかんな。

マスコミを潰すのは簡単だ。「いずれ、うちは政権を取ります。そのときは、マスコミ税を考えます」って言うたらええ。そりゃあ、怖いやろう。叩きたあなるかもしらん。

それでまた有名になるんだ。「叩きたかったら、早いうちがええぞ。大きいなったら、もう潰せません。潰すなら今のうちです。だから、悪口を書くんなら、ぜひ一面で書いてください」っちゅうて、書いてもろうたら、有名になるからなあ。

まあ、与党《よとう》と一緒《いっしょ》だな。政権党は悪口を書かれる。幸福実現党も悪口を書かれる。「よっぽど大きい政党か」と、みな思うわなあ。

だから、ほめてもらおうと思わんと、悪口を書いてもらってもかまわんのだ。しっかり挑発《ちょうはつ》するとええ。わしゃあ、そう思うけどなあ。

まあ、兵法《へいほう》ちょっと変えたほうがええな。彼らは、なんちゅうか、下手《したて》に出ると高飛車《たかびしゃ》に来るからな。ちょっと考え方を変えたほうがええと思うな。

ほかに、何か言いたいことはあるか?

民主党政権は田中角栄型の政治に「昔返り」をしている

木村　あとは、今後の国家ビジョンの骨格についてです。

新しい「船中八策《せんちゅうはっさく》」というか、龍馬先生から見て、「この国家が、どうあるべきなのか」という、新たな国家ビジョンの骨格について、教えていただければと思います。

坂本龍馬　うーん、そうだなあ。

まあ、いちばんの問題は、「今、なんで財政赤字になったんだろう」っちゅうとこだな。なんで財政赤字になったんやろ?

幕府も、やはり最後は財政赤字になっとったわな。幕府が財政赤字になったのは、農民からの税金だけでやろうとしたからだろ？　農民からの年貢米《ねんぐまい》を中心にやってたからだろうな。あのときに、税金というのを、もうちょっと違《ちが》った頭で考えればよかったんだけれども、米本位制で考えたから、税収が減って、傾《かたむ》いた。そして、豪商《ごうしょう》から金を借りて踏《ふ》み倒《たお》したあたりから、信用がなくなった。また、外国から船が来たが、もう腰抜《こしぬ》けで、「幕府弱し」「これはもう戦えん」と。

ま、そんな状況《じょうきょう》だったかなあ。

今の状況は、そらあ、幕末とそんなに大きく変わらんよ。うん。

小沢一郎が「無血革命」をやったって？　そんな阿呆《あほ》なこと言うなよ、ほんまに。なんもしとらん。ほんなもんは、看板を替《か》えただけのことだ。看板の掛《か》け替えに、誰《だれ》が血ぃ流すんだ。高いとこに看板を掛けたら落ちることはあるけどな。まあ、それだけのことだ。革命でも何でもないわ、あんなのは。

もう、ただの、普通《ふつう》の政治だ。普通の古ーい政治やっとるだけだ。恫喝《どうかつ》して、金を集めて、役人を脅《おど》しつけて、政治家の言うことききかして、それで、地元では、しっかりと利権を張っている。古いかたちの田中角栄型の政治だろうが。

あれの何が新しいんだ。何が革命じゃ。もっと前の自民党に「昔返り」をしただけ、それが今の民主党の正体だ。昔返りしただけだな。田中角栄型の政治をやろうとしとるんだ、実際はな。それだけのことだ。

だから、まあ、なんにも新しいことなんかない。役人をいじめてみせて、パフォーマンスしとるんだろう。ま、そのぐらいのこっちゃ。なんにも新しいことなんかないよ。

ゼロベースで国を根本《こんぽん》からつくり直せ

だから、わしは、やはり、財政赤字と国家ビジョンのところの洗い直しは要《い》ると思うな。結局は何かというと、まあ、〝幕府〟がもう駄目《だめ》なんは分かったから、これ、もう一回つくり直したほうがええかもしらんなあ、全部な。倒産《とうさん》責任を取らしたほうがええかもしらんね。だから、一回、これ、国家倒産したらええ。会社だってみんなそうだ。一回、倒産して、「国家更生法《こうせいほう》」をつくって、つくり替えないかん。国家が、今、破綻《はたん》状態なんだから、これを会社に見立て、全部ちょっと御破算《ごはさん》にして、根本《こんぽん》から変えるにはどうしたらいいか、どういうふうにつくり替えたら、スマートで機能するような国になるんかを、考えないかん。

そのためには、国会議員から高級役人からな、いったん辞表を書いてもろうて、全部ゼロベースでつくり直すぐらいやらないかんと思うな。

国家破産法というの、ちょっと恥《は》ずかしいかい？　国家破綻法、これも恥ずかしいかい？　やはり国家再生法かい？　ま、国家再生法だな。

それで、ゼロベースで、仕組みを、もう一回、考える。「もし、なんにもなかったとして、新たに政府をつくるとしたら、どうするか」という観点からね。今あるやつを当然と思わないでな。

今ある役所の上に、国家戦略局なんか、また余分につくったり、消費者庁つくったり、いつもつくってばっかりじゃないか。こんなの「大きな政府」になるしかないじゃない。もう、いくらでも屋上屋《おくじょうおく》を重ねている。こんなの、全部、もう一回、考え直したほうがええなあ。

だから、これは、いったん、国家再生法で全機能の再点検に入ったほうがええ。予算の仕分けなんか、そんなの小さい小さい。もっと、国のあり方そのものを、もう一回、仕分けたほうがええと思うな。

それは、もう、裁判所まで含《ふく》めて。あの裁判員制度とかやってるの見たら、もう、裁判官クビにせないかんね。リストラせないかん。「何やっとるんだ」という感じがするなあ。自分たちで判断できんのだろ？　判決下《お》ろせないんだろ？

不良裁判官や。もう、「早《は》よ民間に行かんかい」っちゅうとこやね。

十年かかっても判決文を書けん。書いた判決文は誰も読めん。だから、「結論だけ教えてください」と。それだったら、最初から一行で終わりだ。結論だけ書くんやったら、ほんなもん、最初の一年で、だいたい、ぜんぶ出るはずだな。十年もかけて裁判やるなんちゅうのは、もう現代に合《お》うてないよ。十年たったら時代が変わってしまいますよ。だから、司法制度も駄目。

三権分立もいいけど、立法、行政、司法、三つとも、全部、駄目だ。全部、御破算にして、もう一回、新しい政府のあり方を考えたらええ、ゼロベースでな。

幕府が倒れて、もう一回、新政府をつくるとしたら、どうつくり直すか。当時は、ヨーロッパの政府のあり方をまねて、いろいろつくったわけだけどな。

もし、なんにも思い浮《う》かばんかったら、もう、宇宙人にでも教えてもらえ！

「よその星では、どうなってますか」「よその星も三権分立をやってますか。それとも、違うやり方をやってますか。どうしてますか」って訊《き》いたほうが早いかもしらん。

ちょっと、今までの概念《がいねん》っちゅうか、ここ二百年ぐらい役に立った考え方を、そのまま使ってるけど、もうそろそろ耐用《たいよう》年数が来とるから、もう一回、必要なものを考えたらええな。

何が最終的に必要なのか。必要でないものは御破算にしなきゃいけない。継続《けいぞく》させてる以上、御破算にできないので、やはり、いったん国家を再生したほうがええな。国家も「JAL《ジャル》認定」をするべきだ。国家もJALと一緒《いっしょ》だと思って、再生させなければいけないね。それは面白《おもしろ》いんじゃないかな。

もし、それができんのやったら、もう、しょうがないわ。それだけ頭悪いんやったら、しょうがない。日産を、カルロス・ゴーンだかなんだか知らんが、おっさんが来て立て直したように、どっかの外人でも呼んできて、「すんませんけど、十年間、時限立法で首相をやってもらいます。好きなようにやってください。外人の頭で、日本のおかしいと思うところを、全部、変えてください」っちゅうて、一回やってもらわないかんわな。

だけど、まあ、「そこまでやるのは恥ずかしい」っちゅうんなら、あんたがたがやったらええ。なあ。

今の「道州制にするか」なんていうんじゃ、全然駄目だから、もう、いったん全部ゼロにすると。

もし国会がなかったら、どうするんだい。どうなるわけ？　裁判所がなかったら、どうなるわけ？　それから、官僚《かんりょう》のところがなかったら、どうなるわけ？　何が困るわけ？

官僚のところがなかったら、都庁が代わりをするだろうな。都庁がなかったら、区役所が代わりをするだろうな、おそらくな。ま、そういうこともある。

それから、地方分権を言うとるけど、「ああ、そうかい。幕藩《ばくはん》体制のほうが良かったんかい」と。それだったら、中央政府は要らんわな。

だから、これで「日本を県別に独立させる」っちゅうんやったら、国はもうなくなるだろうから、まあ、そういう考えもあるかもしらんけれどもね。ほんとにそんで、ええんかどうか、知らんけどもね。

それで、あれでしょう？　今、全国の知事が集まって会議してるなんて、これ、列侯《れっこう》会議だわな。〝藩主《はんしゅ》〟が集まって知事会で決めるっちゅうのだろ？　だったら、国会は要らんのやな。

実際上は、ほんとはできんだろうがな。もうちょっと交通革命やらんとな、忙《いそが》しいて、できんやろうけれども。まあ、テレビ会議もできる時代だから、できんとは言えんけどなあ。

そういう意味で、ゼロベースで、もう一回、必要かどうか考えてみる必要はあるな。

「参議院廃止」を訴《うった》えて参院選に立候補してみよ

まあ、参議院議員に立候補しようとするあなたがたに、「参議院は要らん」というのは、ほんと言いにくうてなあ（笑）。みんな落ちた場合は言うてもええ。みんな落ちたら、「参議院なんか要らん」と平気で言えるから、そらあ、とってもええ。

でも、参議院議員に立候補して、「参議院を廃止して、国費の節減に入りましょう。税金の無駄遣《づか》いはやめましょう。わが党は参議院を廃止することを目指します」と言って、やったら、意外に当選してしまうかもしらんな。

だけど、過半数は取れないから、残念だが、その法案は通らない。しかたなく参議院議員を続ける。その間《あいだ》に政党として活動を続ける。まあ、こういう考えもあるわな。

逆説的だけど、面白いことは面白い手だな。いきなり、あなたがたが過半数を取るなんて、ありえないことだからな。参議院で議席を取っただけでは、法案は通らんからね。「わが党は参議院の廃止を目指します」と言って立候補し、当選してしまう。これはいい。

で、「あんたがたは、『参議院は要らん』って言ったのに、こんなに立候補して、当選して、倫理的《りんりてき》にいいんですか」と言われたら、「いや、参議院がなくなるまで戦います」と言えば、まあ、ええわけだ。その間に、衆院選だってまた来るからな。まあ、そういうふうにして議席を取ってしまう手もあるかもしれんな、ある意味ではな。

まあ、世の中、面白いことを言わんとなあ、やはり、全然、人気は出んぞ。ちょっと、今のままだったらなあ、木村拓哉《たくや》だったら当選するけど（笑）、今の木村党首だったら、当選するかどうか、若干《じゃっかん》、微妙《びみょう》なとこがあるなあ。そらあ、一億円積んで木村拓哉を呼んできたほうが、当選するの確実だ。これは、もう、一名当選だ。残念だけど。うーん、悔《くや》しいなあ。ああ悔しい。ほんと悔しいな。

わしだって悔しいんじゃ。「龍馬伝」やっとるけど、あの役者、わしより男前じゃないか（会場笑）。腹立っとるんや。わしゃ、あんなに目は大きいないぞ。もうちょっと、〝いんじゃこ目〟っちゅうか、細い目しとったからな。まあ、あんなに、かっこようなかった。でも、年寄りだな、あの俳優は。わしゃ、もっと若かったぞ。まあ、ケチの付けようはあるけどな。

そういうことで、思うような世の中にならんかもしらんけど、でも、まあ、一つ、参議院の廃止も、ちょっと、一回、打ってみたらどうだ。どうせ、ほとんど落ちるんだろうから。でも、それを言ったら、意外に、ある程度の数は通るかもしらんよ。

で、通ったら、「じゃあ、われわれだけで参議院を回すことにしましょう」と。アメリカの上院でも百人しかいないんだから、数が多すぎる。だから、「『参議院は要る』と思う人には辞《や》めていただいて、『要らない』と思う人だけに参議院議員をやっていただきましょう。そうすると、効率的な政治の運営が可能になりましょう」と。まあ、こんな考えも面白いな。

自分らの身分を守ろうと、一生懸命《いっしょうけんめい》やっとるんだろうけどもね。まあ、こういうのも一つ、ありだな。これは、全員落ちても、そのときには何の責任もあれへんし、まあ、面白い。実際、参議院はなくてもええかもしらんもんな。効率悪いもんな、あれな。うん。なくてもかまわんね。

そしたら、「『参議院を廃止する』と言うとは、勇気のある政党だな。この木村党首っちゅうのは、すごい大物だな。これはもう、西郷隆盛《さいごうたかもり》並みだ。廃藩置県《はいはんちけん》をやろうとしとるんかな」と、そんな感じだな。幕府を倒して、藩もなくしてしまう。驚天動地《きょうてんどうち》だな、当時で言やあ。それと一緒で、「参議院をなくしてしまう」と言って、参議院議員に立候補するなんて、すっごいなあ。かっこええなあ。報道したくなるなあ、ほんまに。

まあ、そのぐらいヘソ曲がっとらんと、やはり、ちょっと目立たんぜ。その代わり、自分らも最後はクビになるけどな。玉砕《ぎょくさい》だけども、相討《あいう》ちだ。ほかのも一緒に相討ちだ。

でも、実際、行政効率悪いわな。なんで二院でおんなじこと議論せないかんのか。なんで首相や閣僚《かくりょう》が二回も行って、国会答弁やらないかんのか。無駄だわな。あれ、片方だけにしてくれたら、もうちょっと余裕《よゆう》があって、海外へ行って外交もできるんだろうしね。わしゃ、そう思うな。

だから、まあ、ほかんとこが言うと思わない特徴《とくちょう》出そうとしたら、「参議院の廃止を訴えて、参議院議員に立候補した政党」、これは、おかしくてしょうがないわ。これは、やはり報道したいだろうな。

それで、全員落ちたら、「私たちは政策を実行したまでです」と（会場笑）。「政策を実行して、参議院を自ら廃止しました。ほかの参議院議員も早く辞めてください。そうすれば、日本は機動的な国になります。行政速度が倍になります。立法速度も倍になります。少なくとも、これは、国民にとっては、いいことです。そして、使う税金も少なくて済みます。いいことです」と。

まあ、これも一つの風穴《かざあな》だな。例えばの話な。

参議院のほかにも、要《い》らないものはたくさんある

でも、要《い》らないものは、参院だけではないよな。ほかにも、たくさんあるやろ？　小沢一郎が言うとるじゃないか、「内閣法制局長官は国会答弁をするな。役人の分際《ぶんざい》で法律の解釈《かいしゃく》は許さん」と。ああそうかい。じゃあ、やめたらええ。

内閣法制局が要らないんだったら、廃止したらええんだ。

「宮内庁長官《くないちょう》が、『天皇《てんのう》を政治利用した』と憤慨《ふんがい》して、勝手に記者会見を開いた。役人の分際で、けしからん」と。そうおっしゃるんだったら、宮内庁を廃止したらええ。京都御所《ごしょ》に移って、蹴鞠《けまり》しとったらええんだ。そしたら安上がりだろ。「言うなら、責任取れ」ということだな。

だから、要らんのだったら、そう言うたらいい。その代わり、向こうも言うてもええよ。宮内庁のほうだって、「もう民主党なんて要らん」て言うたらええ。「特に幹事長は要らん」と。「なんで、幹事長がそんな陳情《ちんじょう》を受け付けないかんのだ。そんなの、幹事長の仕事と違うだろうが。あんなの、もう廃止してしまえ。あの制度、要らん」ってね。

宮内庁と内閣法制局が「幹事長という制度は要らん」っちゅうて、言うたらええんや。幸福実現党の幹事長は、ちょっと困るかもしらんけど、一名落ちるだけだ。そんなの、どうでもええわ。まあ、ちょっと言葉の応酬《おうしゅう》は要るな。

だから、ゼロベースで、要るか、要らんか、もう一回、考えてみて、最低限、国家をつくり直すとしたら、どうするか。「国家再生法」を、ちょっと、あんたらで考えてみい。どうしたらええんだ、最低限。この国を機動的に最短の時間で効率よく動かして、国民の邪魔《じゃま》をしないで発展させる方法とは何ぞや。

少なくとも、赤字だとか、「税金が、もうこれ以上ない」だとか言うとるんだったら、企業《きぎょう》なら、もう、やることははっきりしとるだろ? まずは、経営陣《じん》の退陣と、もちろん、リストラや賃下げ。これはもうセットだな。それに、不採算部門は切り離《はな》す。まあ、当然やることだな。「やるべきことをやれん」ということは、それは、「政府は存続すべきもの」と思うとるからだ。

全体主義国家の独裁者になりたい小沢一郎

まあ、あと、「ほめ殺し」っていう手だってあるわな。「小沢一郎さん、あなたは、もう、ほんとに何百年に一人の逸材《いつざい》で、何百年に一人、出るか出ないかの大政治家だ。あなたは、日本の〝国家主席〟になったらええ。あなた一人で政治をやりなさい。あとは、もう、大臣や国会議員なんか要りませんわ。あなた一人だけいたらええ。だから、小沢主席を選出して、あとは、みんな任せましょう。みなさん、あとは、もう金儲《かねもう》けに走りましょう」と言ったら、ほめ殺しだ、一種のな。

だけど、これは、こたえるよ。あの人のやりたいことは、ほんとは、そういうことだからな。まあ、中国の国家主席にあこがれてる。金正日《キムジョンイル》にあこがれとる。自分も、あんなふうになってみたいんだ。「鶴《つる》の一声」で全軍を動かして戦《いくさ》をやりたくてしょうがない。まあ、そういう人だろ。

で、自民党も潰したいんでしょうね。一党独裁にしたいんやろ？　国家主席になりたいんだ。全体主義国家の長になりたいんだ。ヒトラーになりたいんだ。なあ。もうちょっとかっこよく言うたら、ナポレオンになりたいんだ。

でも、ナポレオンだって、ロシアからは、「悪魔《あくま》だ」と言われてた。「『666』の意味はナポレオンのことだ」と、トルストイも小説に書いとるらしいじゃないか。まあ、そういう人になりたいわけだから、そらあ、ほめてやってもええよ。「いやあ、もう、織田信長《おだのぶなが》を超《こ》える独裁者だ。すごい力だ。この人に任したら間《ま》違《ちが》いない。一人でやりなさい」と。

まあ、それは早《はよ》う終わるだろうけど。

「国家再生法」で機動的な政府をつくれ

今年は、『創造の法』（大川隆法著、幸福の科学出版刊）で、「逆転の発想」を勧《すす》めとるんだろ？　ちょっと、それをやらないかんな。国会議員が五百人も集まって、あんな会議して、どうするんじゃ。あんなの、なんも機能せんよ。だから、もう「パンとサーカス」の世界に完全に入ったよな。

で、マスコミも護送船団でやっとるしね。「本音ベースで議論できる人だけでやったらええ」と、わしゃあ思うな。うん。そう思うよ。

特に、けしからんのは、今の連立政権な。あれは、ひどいもんだな。もう、ほんまにひどいと思うな、わしは。

あれを見たら、「日本の国を良くして、正しい方向に導くことより、政権を維《い》持《じ》すること自体が目的になっとる」としか言いようがない。「政権を維持すること自体が目的になる」っていうのが小沢の哲学《てつがく》だろが、どうせな。あやつの頭は、その程度だ。高邁《こうまい》な理想なんか持っとらんのだ。選挙に勝つことしか考えとりゃせん。それを国の最高レベルの指導者に仰《あお》ぎよるとこが、日本の不幸だな。未来戦略がない理由だ。

まあ、それについては、やはり、未来をデザインする人がやらないかん。あれで無血革命をやったつもりでおるんやったら、あんたがたが、もう一回、反革命をやって、ガラガラポンにしてやらないかんと思うな。もうちょっと言論で戦える面もあると思うよ。しっかりやらないかんな。

だから、私の考えは、全部ゼロになったとして、「国家再生法」の法案をつくること。あっと驚《おどろ》くような案、簡素化して、税金がかからなくて、機動的な政府の案をつくることだな。

それで、「政党助成法なんか、もう廃止しろ」って言うたらええよ。そしたら、

「政党要件を満たしてないから」っていう、あの言い訳のとこが崩《くず》れてくるから。「政党助成法を廃止しろ。税金の無駄遣いで、既得《きとく》権益を守っとるだけだ。あんなの、政治参入の障壁《しょうへき》にしかなっていない。新しい優秀《ゆうしゅう》な政治家が出るのを妨《さまた》げて、古い政治家が、親子代々、続けられるようにするためにあるのが、政党助成法だ」と。

それから、鳩山《はとやま》もそうだけど、親から政治家を継《つ》いだら、「地盤《じばん》、看板、カバン」っちゅうけども、後援会《こうえんかい》が集めた政治資金まで〝相続〟できるわけだ、そっくり無税でね。税金かからずに、そっくりそのまま、政治資金が〝相続〟できる。だから、やめられん。だから、二代目、三代目と、政治家が続いていくんだ。

でも、こんなの民主主義と全然関係ないよ。これは明らかに江戸《えど》幕府の時代の大名制だ。間違いない。だから、誰でも跡《あと》が継《つ》げる。大名制とほとんど一緒だよな。こんなのは廃止すべきだ。わしゃ、そう思うな。

だから、やはり、根本的に見直したほうがええし、もう、アメリカや北欧《ほくおう》やイギリスなんか、手本にしたら駄目だ。新しいものをつくったほうがええと思う。特に、解散総選挙のあれも、もう、反吐《へど》が出るな。マスコミが部数を維持するためだけにやってるような儀式《ぎしき》にしかすぎない。

伊勢神宮《いせじんぐう》は、なんか、何十年かに一回、建て替《か》えをやっとるけど、まあ、その程度、しっかりしたものをつくらんといかんな。

内閣が一年ごとに潰《つぶ》れるのを見たら、もう、そんなの機能してないと言っていいだろ? 毎年のセレモニーにしかすぎないよね。報道をつくるためだけにやってるセレモニーだ、ほとんどな。だから、「知事が集まってやる〝列藩《れっぱん》会議〟〝列侯会議〟で政治をしたい」っちゅう動きもあったけど、あんなに文句を言うんやったら、「マスコミも、社長をみんな大臣にして内閣を組織してやってみい」っちゅうて、全部やらしたらええんだ。あと全部倒産だ、マスコミも。

そうしたら、そっちもきれいになるわ。もう、すっきりするぜ、ほんまに。「日本を、もう一度、洗濯《せんたく》いたしたく候《そうろう》。お掃除《そうじ》いたしたく候」っていうとこだな。ちょっと、これ、お掃除したほうがいい。だから、別に、あんたらが当選して活躍《かつやく》せんでもええと思うんだ。まあ、洗濯したら、十分な仕事だな。もう、台風みたいにパーンと吹《ふ》き払《はら》って、きれいに洗濯したほうがええな。

政府の代わりに宗教が政治をやってもかまわない

別に、宗教が政治やったってかまわんのだから、もう政府は廃止したってええ。「日本は、もともとの国体である祭政一致《いっち》に戻《もど》ることになりました」ということで、宗教が政治やったってかまわん。そしたら、あんなもん、要らなくなるんだ。まあ、そういう考えだってあるわけやから、最終的に国民の利益が担保されておればいい。

だから、「政教分離《ぶんり》なんて、もう、けちくさいこと言うな」と。「もう、宗教に任したまえ」って。それでもええわけだからな。政府がなくなっても、「ああ、大丈夫《だいじょうぶ》です。幸福の科学のほうで全部やりますので、任しといてください。はい。こちらのほうで請《う》け負いますので、やっときます」と。それでもかまわん。「別に、選出なんかしてくれなくても結構です。うちのほうでやりますので」ということでもかまわん。国中が信者になったら、そういうことになるからな。一緒だよ。まあ、祭政一致っていうのは、そういうこっちゃ。

だから、一つの宗教で国がまとまる。だいたい、民族っていうのは、宗教を同じくするものが民族なんだよ。日本民族っていうのは、やはり、宗教を一つにしなきゃいけないんだよな。

別に天皇制廃止とか天皇制反対とか言ってるわけじゃないけども、天皇制そのものも、幸福の科学の教えのなかには、もう吸収されてるんだよ。入ってるんだよな、ちゃんと。高天原《たかまがはら》も全部すっぽり幸福の科学霊界《れいかい》のなかに入っとるんだよ。だから、いっこうに困りはしないし、何の矛盾《むじゅん》もない。困ることなんか、なんにもない。

お洗濯せないかんな。うん。

さすが党首や。ええこと訊くなあ。もうこれで霊言が終わってしまうぞ（会場笑）。まあ、かわいそうだから、ほかの人にも、ちょっと言わしたれや。

［注1］『坂本龍馬・勝海舟の霊言』（幸福の科学出版刊）。

［注2］現在、『大川隆法霊言全集』（宗教法人幸福の科学刊）の第11巻と第12巻として刊行。

2 国難を打破する未来戦略

黒川　幸福実現党政調会長、黒川白雲《はくうん》と申します。

坂本龍馬　うん。

黒川　本日は、画期的な政策をご指導いただき、まことにありがとうございます。私からは、日本の未来のデザイン、未来戦略について、二つ、お伺《うかが》いしたいと思います。

一つ目は、「現代の黒船問題」とでも言うべきことについてです。

昨年は、幸福実現党立党に当たって、「国難の打破」を訴《うった》え、夏の選挙戦では、北朝鮮《きたちょうせん》の核《かく》ミサイルの脅威《きょうい》に対して警鐘《けいしょう》を鳴らしてまいりました。

しかし、秋に民主党政権ができ、東アジア共同体構想や、小沢一郎氏の大訪中団、日米同盟の亀裂《きれつ》など、「中国による属国化の危機」という国難が迫《せま》ってきております。こうした問題に対する「未来戦略」について、ご指導いただければ幸いです。

日本も核兵器《かくへいき》をつくればよい

坂本龍馬　ああ、もう簡単だ。核兵器《かくへいき》つくったらええ。そんなもん、どこの許可も要《い》らん。主権国家なんだから、つくったらええんだ。

「核兵器をつくったら、今、オバマさんがやってる核廃絶《はいぜつ》運動と合わないじゃないですか」って？　何言ってんだ、オバマは賢《かしこ》いぞ。

オバマは、ノーベル平和賞だけしっかりとせしめ、そして、今、戦争続行中だろうが。戦争続行中だのにノーベル平和賞もらうのは、やはり良心の痛みがある。だから、「アフガニスタンに、さらに三万人以上、兵員を送るけども、これは二年以内には撤収《てっしゅう》を始める予定であるから」と称《しょう》している。で、ノーベル平和賞は、かっぽりともらっとる。賢いなあ。

だから、「日本は核兵器をつくるけれども、これは、中国や北朝鮮が核を完全に廃止《はいし》するまでの間《あいだ》だけである」と言って、つくるんだ。

「向こうが核兵器を廃止して捨てたら、うちも捨てる。それまでは、防衛上、持ちます。しかし、本来、持ちたいと思っとるわけではない。彼らが核兵器を捨てるのを促《うなが》すためにつくるけども、彼らが捨てたら、うちも捨てる」と言ったらええ。

これで、なんにも文句ないじゃないか。これで対等じゃないか。これが対等外交じゃないか。どこが間違《まちご》うとるんだ。向こうだけ核兵器を持って、こっちは持ってない。そんなの負けるに決まっとるじゃないか。やりたい放題だ。

「撃《う》つぞ」と言ったら、もう、それで白旗だな。日本の首相なんか何人でも替《か》えられるよ。「この首相は気に入らんから、撃ち込《こ》むぞ」と言われたら、交代だ。もう、ほかに方法はない。どうするんね。一発で十万人死ぬぞ。一発でも効くもんな。核兵器が一発あったら十分や。あの広島《ひろしま》・長崎《ながさき》型でも一発で十万人は殺せる。

今は、もうちょっと性能がいいものができとるだろうから、もっと死ぬかもしらんなあ。今の中国ぐらいのもんだったら、五十万人ぐらい殺せるもんはあるかもしらんな。それだったら、なんぼでも脅《おど》せますから。

そして、アメリカのほうは引いていかせて、仲悪くさせようとしている。もう中国の戦略に乗っとるわな。これを、「黒船」と言ったり、「国難」と言ったりするかもしらんけど、人にやってもらおうと思わんと、自分らのほうから案を出したらええんだ。

「日本を侵略《しんりゃく》する可能性のある近隣《きんりん》の国が、核兵器を廃絶した場合は、日本も持ちません。ただ、それまでの間は、一時的に、防衛上、多少、持たせていただきます。多少です。そんなにたくさん持とうとは思ってません。ただ、性能のいいやつを、多少、持ちたいと思っております」と言やあいいんだよ。

ほんの十発か二十発でも持っとりゃあ、もう十分なんだよ。つくれるんだから。つくって持ってたら、「いざ、日本に核戦争を仕掛《しか》けるぞ」と言ってきても、「うちもつくってますけど、ええですか」と言ったらいい。経済力があれば、いくらでもやれるわけだからね。

これに反対するのが正義だとは、わしは思わんね。アメリカが反対するのも、あんまり賛成には思わんね。アメリカが、日本を植民地だと思っとるんなら、反対する権利はあるけども、オバマさんは、日本との関係を、「独立国家として、昔から対等のイコール・パートナーシップだ」と、そんなふうに言っとったはずだ。昔から対等なんだったら、おんなじでええわけだ。

「うちは、同盟国だから、アメリカに向かっては撃ちません。うちが核兵器をつくっても、アメリカは何ら危険じゃありません。アメリカの第七艦隊《かんたい》だけで力が足りんときに、うちが力を貸します。日米同盟は堅固《けんご》ですから、問題ございません。照準はアメリカに絶対に向けません。中国と違《ちが》って、アメリカには照準は向いてません。北朝鮮と違って、アメリカの西海岸に当てようなんて思ってません。だから、日本が核兵器を持つことはアメリカの利益です」と、こうやって言えばいいんだ。

で、「日本を攻《せ》める可能性のある国が核を廃絶したら、日本もなくします。それについては、国際的に約束してもかまわないと思っております」と言ったらいい。

「ロシアから核兵器を買い取る」という手もある

まあ、それが嫌《いや》だったら、もうロシアから核兵器を買ってしまえ。使う気ないのがゴロゴロ転がって余っとるんだから。もうすぐ、あれ、使えんようになるし、イランとか、ほかんとこに流れていくだけや。そのうち北朝鮮やイランに買い取られてしまうよ。

ま、北朝鮮は買う金がないかもしらんけども、韓国《かんこく》と合体したら、韓国がロシアから核を買うよ、きっと。中国は自力で開発できるけど、韓国は買うと思う、おそらくね。パキスタンとかも買うと思うし、それから、イランも買うだろうし、次に、ロシアはアフリカにだって売り込み始めるかもしれない。

ロシアの核は外へ出てくるよ。だから、外に出る前に買い占《し》めてしまうのも一つだな。買ってしもうたらええんだ。ロシアは喜ぶよ。そしたら、日露《にちろ》は非常に仲良うなる。

で、ロシアの核を買い取ってだな、「世界の平和を促進《そくしん》するために、ロシアが悪いことせんように、ロシアの核兵器を廃絶する目的で、今、買い取っておりま す。ロシアに預けておくと、何をするか分からないので、日本が安全に保管しま す。何せ、日本は、『戦争をしない』という憲法がまだ改正されておりませんので、日本が預かっとくのが世界にとって最も安全なことです」と言えばいい。

「できたら、北朝鮮の核兵器や中国の核兵器も、日本で預かっておきたいぐらいです。日本が持っとったら撃ちませんから、ほんとに安全です。世界の核兵器を、日本がみんな保管しておきたいぐらいです」と。

まあ、言葉はなあ、武器だから、戦わないかん。そのぐらい、ちょっとはな。そう思うけどな。

核兵器を持つのが嫌《いや》か、核兵器で死ぬのが嫌か

黒川　日本の国民には、まだ核アレルギーがあると思いますが……。

坂本龍馬　うん。だから、まあ、国民も、核兵器で死にたいのかどうかだよねえ。オバマさんは、今回は広島・長崎に行かんかったけど、「次は行く」とか言うてた。ま、「次はない」と本人は思ってるからかもしらんが、「広島・長崎に、ぜひ来てください」と。そして、広島・長崎の人たちに、「二度と核戦争はしません」と、オバマさんに非核《ひかく》三原則を広島で宣言してもらったらええ。「核兵器は持ちません。つくりません。持ち込みません」って、やってもろうたらええわな。そうやって言ったら、まあ、逃《に》げて、やらんだろうけど。

次に、中国の主席だの首相だのが来たら、広島・長崎に行ってもろうて、「中

国は、このようなことを絶対にしません」と誓《ちか》ってもらうように言うたらええわな。そしたら、逃げるだろう。何で逃げる？　使う気があるからだろうが。ねえ。まあ、その辺は、やはりちょっと問い詰《つ》めないかんな。

「日本は悪い国だから、日本に対しては何してもいい。自分らの国は善《よ》い国だから、自分らの国に対しては何してもいかん」というのは、ちょっとおかしい議論だな。何か、ものすごいべっぴんさんが、夜中に水着を着て歩いてるような、「男がみんな猛獣《もうじゅう》に見える」みたいな言い方だな。失礼千万じゃ（会場笑）。

だから、そらあ、日本に対して失礼に当たる。日本は、調和と平和を愛する国だ。

だから、国民を啓蒙《けいもう》しようと思うたら、今まで言っていないようなことを、ちょっと言う必要があると思うな。

オバマさんは、ああやって「核廃絶」と言うとるけど、「本気だったら、やはり広島・長崎に来て、謝《あやま》れ」ということだ。でも、謝らんよ。謝ったら、絶対、アメリカの大統領としては務まらないから。あれは口先だけで言っとるんであって、自分の代にやると思ってないから言っとるだけだよ。もちろん、ノーベル平和賞も目指してたのは分かってるけれどもね。

ただ、「核兵器は、もうちょっと少なくても十分だ」という考えだろ？　もうちょっと少なくても十分だし、性能的に見たら負けないと思ってる。あと、「国家の財政赤字を減らしたい」っていうのが主たる目標だよな。

「お互《たが》い核兵器はゼロにはならないけども、もうちょっと少なくても戦えるから、十分でないでしょうか。地球を何百回も破壊《はかい》できるほど持ってたら、ちょっと持ちすぎじゃないでしょうか。もうちょっと軍事費を減らしたら、財政赤字が小さくなって、いいんじゃないでしょうか」と、まあ、そういう提案でしょ？

「話し合いで財政赤字を減らしましょうよ。軍事の部分を減らしたら、ちょっと楽になるから」と、まあ、これだけの話だ。だから、それは自分たちの立場で言うとることだな。

日本は核アレルギーだ何だと言うとるけど、いやあ、そらあもう、つくろうと思ってつくれんことはないんだろうから。非核三原則なんちゅうて、佐藤栄作さんがノーベル平和賞を取ったらしいけど、実際、アメリカの空母か何かに乗って、核は日本に来とったんだろ？　そんなの嘘《うそ》つきだね。嘘つくの平気なんだから、嘘つくなら、ついたらいいよ。「どうやって核兵器を使わせないようにするかの研究をやっとる」と言うて、つくったらええ、例えばな（笑）。

あるいは、「核兵器を無力化する研究を、今、進めとるところです。某《ぼう》山中に空洞《くうどう》を掘《ほ》って、地下基地をつくって、今、核兵器を無力化する研究を進めているところです」と、まあ、言うたらええわね。

そらあ、主権国家なんだからな。内政干渉《かんしょう》されんように、上手に言葉を選びながら、やったらええんだ。

「靖国《やすくに》神社を廃止しろ」とか言うてきたら、例えば、「じゃあ、あそこに核ミサイル基地でもつくるか」と言うて相談するとかな。例えばの話だけどな。まあ、つくれんことはないわな。

北朝鮮みたいな移動式のミサイル基地ぐらいだったら、あそこでもいいですよ。靖国神社、境内《けいだい》広いしね。どこかほかの所に移すことにして、「首相官邸《かんてい》にも近いし、やはり首相官邸を守る必要があるので、できたら、あの辺りに移動式のミサイル基地でもつくっとくと、防衛上、非常にええことですなあ」というように、ちょっと、一発、言い返してやりたいぐらいだ。

国防を「悪」と思うのは間違《まちが》い

国防でもなあ、悪だと思うとるんは、やはり間違《まちが》いだよ。そらあ、国防を悪っちゅうんやったら、明治維新《いしん》以降も、みんな、これは悪だし、元寇《げんこう》で日本を守ったことだって悪になるんだからな。

それは、やられたほうがワアワア言うことは、まあ、勝手だけども、こちらまでおんなじ議論を立てるべきではないし、少なくとも、危険にさらされてるのは、こちらなんだから、間違いなく。あちらは攻撃《こうげき》できて、こちらはできない状態なんだから、危険にさらされてるのは、こっちだ。

だから、〝痴漢電車《ちかん》〟で怖《こわ》いのは、こっちのほうなんだ。向こうが水着を着て夜中に歩いとるのと違う。怖がってるのは日本のほうなんだ。これが議論できんのだったら、それは口が足りん。「襲《おそ》おうとしてるのは、そっちだろうが」って。

アジアの諸外国から見たら、日本は雌牛《めうし》や。雌牛で、おいしそうに見えてしょうがない。ステーキにしても食えるし、おっぱい搾《しぼ》ったら牛乳がいっぱい出てくる。「乳が出る」っちゅうのは、「金が出る」っちゅうことだ。わしのたとえは、んだ。なあ。

「金が出る」ということが言いたかったんだ。日本が雌牛に見えてしょうがない

「おいしそうだなあ。これで番犬がいなかったら、もう、入り放題で、牛乳を搾りまくって、ミルクにして売るか、バターにして売るか、チーズにして売るか、それとも、ステーキにして食うか」と、そんなことを考えとるんだ、近所の国は。

そこと〝友愛外交〟を結んで一体化しようとしてるやつもおる。阿呆《あほ》や、ほんまに。世の中、東大出ても、阿呆はいっぱいおる。わしみたいに、東大を出とらんでも頭ええのもおるんじゃ。だから、まあ、議論して、もうちょっと反撃《はんげき》せないかんわな。

あんた、何を訊《き》きたかったんだ?

黒川　あの、日本国民の核アレルギー……。

坂本龍馬　ああ、核な。国民に対しては、「核兵器を無力化する研究をする」と言やあいいんだ。「日本は、これから、本格的に、核兵器を無力化する研究に入る」と。「そのなかには、いろんな選択肢《せんたくし》が当然入るけども、それについては国家秘密である。核兵器をどうしたら無力化できるかを研究する」と。

そのなかには、最後には、しかたないが、「核兵器をつくってしまう」っていう選択肢も、当然、入ってしまうな。うん。

アメリカに頼《たよ》らず、国産の防衛兵器をつくれ

それから、パトリオット・ミサイルとか、アメリカから買っとるんだろ？　それは国産じゃない。でも、「愛国一号」「愛国二号」って国産品をつくらんと、アメリカ製のが当たるやらどうやら、そんなの分からんよ。

やはり、自分の国を守りたい人がつくったもんが、よう当たるんだ。だから、アメリカが売ってくれるもんが、ほんまに当たるかどうか、それは分からん。「当たらんかったか。じゃあ、こっちは当たるぞ」とか言って、次のを出してきたりしてな。商魂《しょうこん》をたくましゅうして、売り上げを伸《の》ばそうとしとるかも分からん。向こうは、別に、当たるかどうか、そんな気にしてないからね。

特に、アメリカっていうのは、戦争を仕掛けられるのが、ほんとに好きだからね。「自分から仕掛けたら悪人にされるから、他人《ひと》からさせる」っていうのが、ものすごい好きだからなあ。

だから、アメリカから、そういう迎撃《げいげき》ミサイルなんか買ったら、アメリカは、まずは、撃《う》ち落とせないものを売りつけて、それから、「日本がやられた。これは大変だ。同盟国が、攻撃されて、焼け野原になってしもうた。これはアメリカが戦わんといかん」と言って、国威発揚《こくいはつよう》をして攻《せ》めに行く。

まあ、こちらのほうが、計画としては、アメリカが好きな計画だな。いつもこれだよ、あそこがやるのは。いつも、攻撃させといてから、それで、「正義はこちらにあり」と言って、やる。

だから、アメリカは、まず、日本への最初の一撃《いちげき》は当てさせる。これを撃ち落としたら、もう何もせんでええもんねえ。軍事予算も取れないもんね。だから、知ってて当てさせるよ、きっと。ほんとは撃ち落とせても、当てさせるよ。

この前もそうじゃないか。北朝鮮がミサイルを撃って、アメリカの太平洋艦隊は、あれを撃ち落とすつもりでいたのに、オバマが「撃つな」と言うたんだろ？わしは知っとるよ。あんたらが街宣で言うとったのを聴いとったんだ。

アメリカは、そういうとこだからな。だから、日本に、ある程度、被害《ひがい》が出るまでは反撃せんよ、きっと。すぐに反撃なんかしやしないよ。日本に重大な被害が出て、再建不能になる可能性が出てきて、「これは、同盟国として何とかしなきゃいけない」という国論が盛り上がってくるまでは、日本が血の海になり、火の海になるのを待ちますよ。うん。彼らはね。

戦艦《せんかん》アリゾナがハワイの真珠湾《しんじゅわん》に沈《しず》んどるけども、あんなん、攻撃されるのは最初から知ってて、待ち構えとったんだから。三千人ぐらい殺すつもりで、あれ、浮かべとったんだからね。

向こうの日曜日か何かの攻撃で、乗っとる必要なんかなかったんだよ。もう、みんな退艦《たいかん》して、町へ行き、家に帰って、休んどったらええはずだ。そしたら、誰《だれ》も乗っとらん。それが、みんな乗っとった。おかしいじゃないか。

あれ、ほんとは被害を出すつもりで乗せとったんだよ。ほんとは作戦なんだ。ルーズベルトは、ちゃんと知っとったよ、日本の攻撃ぐらい。だから、三千人近く死んだとか言うとるけど、ちゃーんとみんな乗っとった、日曜日なのにな。ほんとは、ダンスパーティをしたり、家族とドライブしとらないかん。それがアメリカだよ。なんで軍艦《ぐんかん》に乗っとるんだ。日本の奇襲《きしゅう》があるとも知らんのに。ねえ。上は知ってたから乗せとったんだ、ほんとは。知ってて、やられるつもりで乗せとったんだ。やられるほうは、教わってなくてね、やらせるほうは、それを知っておった。ちゃーんと知っておった。計画もちゃんとできていた。

知らんわけがないよ。空母だけ逃がしとるもんな。攻撃してくるの、ちゃんと知っとったのよ。空母だけ隠《かく》しとったもんね。空母は惜《お》しいからな。まあ、隠しとった。アメリカは、そういう国だ。

だから、日本で甚大《じんだい》な被害を出すところまで、他国からの攻撃は絶対にやらせます。第一撃を迎撃ミサイルで撃ち落として、性能を誇示《こじ》するようなことでは満足しないよ。日本の都市に被害が出るまで、絶対にやらせる。そういう国だ。そして、アメリカの力が必要とされるように、国論、あるいは世界の世論が盛り上がる方向に持っていく。必ず、そうする。

だから、第一撃は防げない。第一撃を防ぎたかったら、「愛国一号」「愛国二号」っていう、国産の迎撃ミサイルをつくらないかん。

3　二十一世紀の日本の使命とは

黒川　ありがとうございました。

もう一点、より長期的な視点からお伺《うかが》いいたします。

明治維新《いしん》を担《にな》われた、龍馬先生をはじめとする志士のみなさまのおかげで、近代国家としての日本が出来上がり、日本は、発展して、世界に大きな影響力《えいきょうりょく》を持つようになりましたが、今、その発展に陰《かげ》りが生じ、〝坂の下の水たまり〟に向かっていこうとしております。そこで、私たちは、「幸福維新」を起こし、日本に新たな未来を創造していきたいと思っております。

つきましては、日本に救世主が生まれている、この二十一世紀の日本の使命について、教えていただければと思います。

宗教立国からスタートして、世界の富を増やしていけ

坂本龍馬　いや、もう、あんたがたの使命なんて一つしかないよ。宗教立国からスタートして、世界にこの宗教を弘《ひろ》め、そして、その宗教と一体になって世界の殖産興業《しょくさんこうぎょう》をし、世界の富を増やしていくことだよ。

「今、十億人ぐらいは飢《う》えとる」という話だ。まあ、よう知らんけども、あんたらの街宣によれば、そういうことだから、十億人の飢えてる人たちが食っていけるようにして、もっと豊かな世界をつくらないかんのだろ？　だけど、欧米《おうべい》は、その使命を果たしてないんだろ？　だから、その使命を日本が果たすんだ。

その使命を果たすためには、まず、その基礎《きそ》になるもんが要《い》る。基礎になるものは何だ？　思想だな。思想を共有することによって、人々は、その方向に、努

力して向かっていくんだ。

日本が発信する思想を外国に輸出して、外国が日本を見習っていくようにする。そちらのほうに導いていく。それは、おっきな、おっきな理想だ。

まあ、わしは軍事についても言ってるけど、それは、ここ五十年ぐらいの問題だと、わしは思うとるんで、五十年ぐらいしたら、それは、そんなに要らんやろ。

宗教が弘まって、そして、世界がその宗教の〝共通言語〟によって通じ合うようになったら、もっともっと、平和的に、貿易を中心とした経済交流を興《おこ》し、工業も興し、みんなが豊かに暮らせるような世の中をつくれると思うよ。

わしは、マルクスみたいに資本家を攻撃《こうげき》して、「貧乏人《びんぼうにん》に、ばらまけ」という考えでは、今の世界の貧困と人口増は乗り切れんと思うとる。「富裕《ふゆう》層がいる」と言ったって、貧乏層の数の多さから見たら、無理だよ。彼らに金を撒《ま》いたって、ものを撒いたって、足りませんよ。

やはり、彼ら自身が、手に職を付けて、収入を得られるようにしていかないかんと思うよ。そのためには、技術も習得せないかん。

わしは、学問はそれほど好きではなかったけども、まあ、少なくとも『聖書』を読むところがキリスト教国なんだろ？　だから、幸福の科学の教えを読むところが「幸福の科学教国」だ。

だから、アジア・アフリカの人々が、幸福の科学の本を読んで啓蒙《けいもう》され、日本から高い文化を学んで、そして、「日本みたいに豊かで平和な国をつくろう」としていくようになったらいい。

欧米《おうべい》は五百年間の植民地支配を反省せよ

それから、欧米《おうべい》のほうについては、実際、まだ終わっとらんもんがあると思うんだ。終わっとらんもんっちゅうのは何かというと、植民地支配への反省だね。

列強による植民地支配には、五百年ぐらいの歴史があるわな。これは、まあ、北欧《ほくおう》のバイキングの延長だな。彼ら、もとは海賊《かいぞく》だ。〝海賊〟を世界規模でやったんだ、この五百年間。

それで、白人優位説という勝手な仮説を立て、「白人は、黄色人種《おうしょくじんしゅ》や黒色人種という、色が付いているやつより優秀《ゆうしゅう》だから、おまえら、もう、家畜《かちく》同然だ。われわれの言うことをきけ！」と言って、植民地支配をさんざんやってきたんやろ？

キリスト教も、それにずいぶん利用されたんだろう、たぶんな。キリスト教を利用して、さんざん、悪いことをやったんだろうと思うんだけども、これは、一回、贖罪《しょくざい》せないかん。反省せないかん。ねえ。

まあ、やつら、ずるこいからな。

自分らで、キリスト様を磔《はりつけ》にして、槍《やり》で刺《さ》しておいて、「人類の罪を贖《あがな》うために十字架《じゅうじか》に架かられたのだ」って言う。こんなの、もう、盗人《ぬすっと》たけだけしいで。これは、もう、居直《いなお》り強盗《ごうとう》だ。

これが、世界を席捲《せっけん》してる思想か？　まあ、こんなの、なしや。

これでええんだったら、大川隆法総裁なんか、命がいくらあっても足りん。もう、「イエスよりも偉大《いだい》な救世主なら、じゃあ、もうちょっと槍で突《つ》かないかんか」っちゅう感じがするわな。「イエスは二カ所ぐらい突かれたらしいけど、まあ、十カ所ぐらい突いとくか」という話になったら、大変なこっちゃ。なあ。

わしも暗殺されたけどもな。まあ、結果として、そういうときはあるけども、ちょっと、この思想、狂《くる》っとるね。だから、これ、日本に広がらんのには理由があるよ。狂っとるもん。

間違ったことをしたのに、それをごまかした理論をあとでつくって、強引に押《お》し付けて広げた。ここについては、「人類の原罪」なんていう言い方をして、やはり、自分らの罪から逃《に》げてる。

原罪じゃないんだ。キリストを殺したのが罪なんだ。キリストを指導してる神様を信じなかったのが罪なんだ。ねえ。

そうした罪を犯《おか》したやつらが、その後《ご》、この五百年間、少なくとも最低五百年間は、アジア・アフリカの人たちを植民地化して苦しめ、略奪《りゃくだつ》し、殺し、原爆《げんばく》まで落とし、まだ反省しとらんだろうが。やはり、反省せないかん。それであってこそ世界正義だ。

だから、そらあ、今んとこ、同盟国だから、アメリカとも仲良うするけども、二〇五〇年ぐらいまでで、その時代は終わる。

それから先は、日本から出てくる、この新しい思想に基づいて、世界の新しい正義が確立されないかん。新しい正義と繁栄《はんえい》・発展、こういうものがつくられないかん。なあ。

だから、幸福の科学の使命は、ものすごい大きいもんだ。

幸福の科学の思想が中心になって世界の繁栄《はんえい》がつくられる

この前、聴《き》いとったら、松下幸之助《こうのすけ》さんが、「幸福の科学は、教祖さまは偉《えら》いけど、弟子《でし》はあかん」と言うとった。そして、「わしが大川隆法総裁の下《した》で理事長をやったら、百倍になっとる」と言うていた。[注3]

まあ、わし、当たっとると思うよ。松下幸之助の経営力をもってすりゃあ、そら、幸福の科学が百倍になっとるだろ。

しかしな、世界宗教のその使命から見たら、百倍では足りん。これは、もう、一万倍ぐらいになってもらわんと困る。これは世界中に広がってもらわんと困るんだ。

アフリカだって十億人を目指して増えてるし、アジアだって何十億人もいる。

今、欧米のほうは人口がちょっと減っとるが、どっちか言うたらな。それでも、まあ、ある程度はおるけどもな。

とにかく、「世界に広げよう」と思っとるんだから、もっともっと大きいならないかん。

まあ、「三菱《みつびし》の歌」ってあったが、ちょっと古いんかな？　もうなくなったんかな？　まだあるんか？　まだ残っとるか？

でも、あの「龍馬伝」の岩崎弥太郎《いわさきやたろう》って、なんか、すごい悪人に描《えが》かれとるらしいじゃないか。ええやつやったぞ、もうちょっと（会場笑）。あれは間違っとる。そんなに悪い男でなかったぞ。岩崎弥太郎は、かわいい、ええやつやったぞ。あれ、ちょっといかんな。間違っとる。資本家を憎《にく》んどる証拠《しょうこ》だ、あれ。NHKは、もう、共産党に乗っ取られとるんとちゃうか。社民党か。まあ、知らんが、もうちょっとええ男やったぞ。

まあ、何の話かな、分からんわ。脱線《だっせん》してしもうた。

で、だからな、一万倍にはせないかん。

今、軍事の話もしとるけど、二〇五〇年ぐらいまでで、いちおう、こういう時代は終わるから。そのあとの時代は違う。

そのあとの時代は、幸福の科学から発信されてる思想が中心になって、世界の繁栄《はんえい》がつくられる時代がやってくる。

だから、その時代への過渡期《かとき》に、今、あなたがたは生きとるわけだな。

その間《あいだ》、上手に生き延びないかん。

明治維新の志士だって、暗殺されたりするのは、まあ、ある程度、予告はされとって、みんな、知ってはいたけども、全員が死んでたら、明治維新は起きとらんよ。やはり、生き残る人はいなきゃいかんな。

維新の前に殺される人があり、維新を成《な》し遂《と》げて殺される人があり、維新が終わってからも生き延びる人があり、まあ、三通りある。

この前も、そんな話を聴いたけども。きのうか。松陰《しょういん》さんか誰《だれ》かが言うとったな。［注４］

まあ、いろいろ、ご苦労はあろうけれども、やはり、頑張《がんば》らないかん。

でも、世界精神は、そっちに向いとるから。必ず、そっちに来とるから。

だから、今、報道がどうのこうの、ほかの政党はどうだのといっても、それは目先のことだ。

まあ、小沢だって、もうすぐ死ぬかもしれん。いずれ、みんな去っていくんだ。

新しい時代に道を敷《し》くのが、あんたらの仕事だ。線路を敷かないかん、ベーッと。新時代のリニアモーターカーを敷かないかんのだろ？　な。それが仕事だな。

黒川　分かりました。はい。

坂本龍馬　まあ、あんたにばっかり言っても、あれだね。もう〝一匹〟いるんか？

［注3］大川隆法著『松下幸之助 日本を叱る』（幸福の科学出版刊）参照。

［注4］この霊言収録の前日、幸福の科学総合本部にて、「『吉田松陰・人生勝利祈願』講義」を収録した。

4 新しい産業を起こすための経済政策

綾織　本日は、大いなる指針をいただき、ありがとうございます。私は、「ザ・リバティ」の副編集長と幸福実現党政調会長代理を務めさせていただいております、綾織《あやおり》と申します。

坂本龍馬　おお、そうか。うん。うん。

綾織　私のほうからは、経済政策についてお伺《うかが》いできればと思います。

坂本龍馬　うん。

綾織　先日、民主党は経済成長戦略を発表しましたが、中身がないと批判されています。

それに対し、私たち幸福実現党は、新たな富国政策として、「未来産業、新しい基幹産業をつくる」ということを打ち出していきたいと考えております。

そこで、龍馬先生が、今の日本をご覧になり、「経済に絡《から》む、いろいろな制度や規制、法律において、改革が必要である」と思われる点がありましたら、お教えいただければと思います。

もっと安定的に資金調達ができる方法を考えよ

坂本龍馬　まあ、企業《きぎょう》の時代ではあるけれども、やはり、資本の調達のとこなあ、そこに問題があると、わしは思うな。

銀行などの金融機関《きんゆうきかん》から調達する方法と、株式等で自分で調達する方法があるけども、両方、うまいことといってないように思うな。

銀行のほうは、あまり十分に機能しておらんように、わしは思う。

あと、株式市場な。最近、金融問題で混乱を起こして、株の暴落が世界的に波及《はきゅう》したけど、あれ、ちょっとおかしいよ。

「企業を支えて繁栄《はんえい》・発展させるんだったら、もうちょっと安定的なもんでないといかん」と思うな。競馬の馬券を買ったり、宝くじを買ったりしてるような感じではいかん。

資金調達制度については、一考せないかんな。株式会社というのは、幕末から見りゃあ、ええ制度やけども、これから先は、もうちょっと違《ちが》う資金調達の方法を考えなければいかんと思う。

安定度が悪すぎるわな。自分の力ではないもんに翻弄《ほんろう》されてしまうし。今、投機家が多くて、売ったり買ったり潰《つぶ》したり、自由にできるようになっとるわな。マネーゲームというのか、〝ハゲタカ〟というのか、わしはよう知らんけどもな。そちらの商売にかなり励《はげ》んでいて、頭のいい人がだいぶやっとるようだけど、まあ、いわば、マネーは血液の部分に当たるんで、やはり、もう一段、安定的な供給方法を考える必要があると思うな。

金融《きんゆう》機関も、聖なるミッションを持ち、一本、筋を通せ

銀行のとこも、今、合併《がっぺい》したりして、護送船団から変わってきているけど、もう一つ、脱皮《だっぴ》しかねてる。もう一段、新時代のものにならないと駄目《だめ》だな。古いものを引きずりすぎているように思うな。

銀行の持ってる、信用だの担保だのという考えのなかに、もうちょっと違うも

のをつくらないといかんと思うね。銀行自体を、やはり宗教の信者にせないかん。今、新しい〝日本教〟ができようとしてるわけだけども、その日本教の信者にして、「金融《きんゆう》機関は、日本を発展・繁栄させる義務を、そういう聖なるミッションを持っとるんだ」ということで、一本、筋を通さないかん。

これで、一本、筋を通したら、考え方が変わるんだ。

それを通さないでいるから、「政府当局の検査が怖《こわ》い」とか言っている。あるいは、貸し渋《しぶ》りだの、貸し剝《は》がしだの、いろいろ言われとるけども、もう一丁《いっちょう》いかんと思うな。これは、やはり、銀行にミッションが十分に植わってないからだと思うな。

だから、まあ、宗教が政党をつくってもええけど、宗教が銀行をつくってもええかもしらん。「ほんまに、これは、日本のためになる産業だから、資金の供給をためろうたらいかん」っていう、それだけの使命を持つ大きな銀行が、ほんとは、なかったらいかんと思うな。

銀行は、まだまだ必要だな。戦後の復興期だけに必要だったんじゃないんだ。これから、新しい未来を拓《ひら》くためには、そうした未来産業のための銀行が必要だ。未来銀行をつくらないいかん。

未来産業に対して担保なんか要求するのは無理だよ。「国家として、この未来産業を拓くんだ」という強い意志の下《もと》に、やはり、やらないいかん。それをやるのが銀行の仕事だな。

そういう意味で、金融機関も、そうしたミッション、宗教的使命を持たないかん。一つはな。

社会に貢献《こうけん》している企業《きぎょう》を守り育てる気持ちを

それから、もう一つ、株式の投機、および、株価の乱高下、あるいは暴落、大《だい》恐慌《きょうこう》、まあ、こんなもので脅《おど》されて、非常に萎縮《いしゅく》しているところがあるわなあ。だから、これを、やはり解決せないかんと思うな。もう一段の解決が必要だと、わしは思うな。

今回の不幸な事件は、ちょっと残念だけれども。うーん。その、なんというかな、金融工学のようなもんで金儲《かねもう》けをする人がいても、まあ、ええけども、そうした、「売ったり買ったりして、人の会社を潰してでも、金が儲かったらええ」っていうような人が、世の中に増えることは、あんまり、ええことではないな。やはり、それは、ええことでない。

そうした資金調達の手段のところは、企業《きぎょう》を支えて発展・繁栄させ、従業員に高い給料を払《はら》えるようになって、税金も払えて、国も富むようにもっていくのが、正しい態度なんだ。だから、そういう企業を育てるように出資するというのが、出資家の正しい態度なんだ、基本的にはな。

「会社が潰れようが、国が潰れようが、ええ」っていうような投機家が、いっぱいいるよな。

例えば、「有名な投機家がイギリスの銀行に勝った」とかいう話を、前に、ちょっと聞いたことがあるけどね。独りでイギリスの銀行をもうメタメタにしてしもうたみたいな、そういう大きな投資家がいるようなことも聞いたけどもな。まあ、「金儲けだけの動機から、個人で、そういう企業や国家まで翻弄するようなことまでやる」っていうのは、やはり、道義に反する。それを教えないかんと思う。

要するに、少なくとも、「世の中のため役に立ってる企業かどうか」を見分けて、「役に立ってる企業に関しては、基本的に発展・繁栄させていく。例えば、株なら株を買い続けて、支えていく」っていう、そういうミッションをな、やはり投資家にも教えないかんと思うんだ。

「自分が儲かりゃええ」っていう守銭奴根性《しゅせんどこんじょう》はいかんぜよ。国にとって大事な、あるいは、世界にとって大事なことをやってるとこに対しては、やはり、資金を供給してやらないかんのだ。富を与《あた》えてやらないかんのだ。もっともっと大きいしてやらないかんのだ。そういう使命感を持った人が、投資家、投機家になっていかないかん。

その辺、もう一段、訓練が必要だな。

だから、兜町《かぶとちょう》に〝神社〟を建てないかんな。そうして信仰《しんこう》させないと。「悪いことは致《いた》しません。ええことのために、われわれは頑張《がんば》ります」というとこだな。「人類のためになり、国のためになり、社会のためになってる企業を、断じて潰してなるものか」と、やはり、投資家たちも結集して力を合わせる。そのくらいの心意気を持ってなきゃいかんと思うな。

今、会社の格付けとか、いろいろあるんだろうけどな。格付けで安定度が分かるんやろ？

そりゃ、自分の金の運用の安全度だけ見とるんだろうけど、やはり、世の中への貢献度《こうけんど》を見て、大事な企業、発展してほしい企業、伸《の》ばすべき企業、あるいは、税金を払ってくれて、国の財政を支えてくれるような企業っていうのは、やはりあると思う。

そういう心正しい経営者が出てくるような企業に対しては、資本家、あるいは投資家、投機家等は、みんな、一定の倫理《りんり》を持たないかん。わしは、そう思うな。「潰してはいかん会社、伸ばさなきゃいかん会社に対しては、聖なる使命を持って、資金を供給する」ということだ。やはり、金持ちは金持ちなりに倫理を持たないかんと思うな。

「自分が儲かりゃええ」と、「よっしゃあ。今、株がいちばん上がってるから、売り抜《ぬ》いたる」言うて、こんな人間ばっかり増えたら、世の中、終わりだ。やはり聖なる使命を持たないかん。

外国のなんとかいう格付け機関、なんだ？　あ、ムーディーズかい。そういうのがあるらしいけど、ま、そんなのと違って、「幸福の科学の格付け」っちゅうもんがあってもええと思うな。

幸福の科学による企業の格付けを発表して、これが権威《けんい》を持っている。そのくらいになるとええな。

幸福の科学が、善悪の判定をして、五つ星企業、四つ星企業、三つ星企業、一つ星企業、ねえ、黒星企業を（会場笑）格付けしてやらないかん。最高裁では判定できんのだから、こっちでやったらいい。

「この企業は役に立ってる」ということをパシッと言って、そういうとこに対しては、金融機関も投資家も、「守り育てていこう」っていう強い気持ちを持たないといかんな。そうであってこそ、この世に生きとる意味っちゅうんがあるのと違うかな。

だから、思想性もなく、善悪もなく、人間性の向上もなく、単なる、「金さえあればええ」「儲かりさえすればええ」っていう考えには、わしは反対だな。

それは現代の悪代官だ。「金儲けのために、会社を売り買いしてもかまわん。潰してもかまわん。従業員など、どうでもええ。とにかく金が儲かったらええ」みたいな、こんなのが流行《はや》りすぎたら、その国は衰退《すいたい》する。やはり、恨《うら》みの声が漂《ただよ》っとるわな。

「正しさ」を経済的にも実現しなければならない

新聞だってそうだよ。

あんたがいた新聞社は、正しいことを言うとる新聞社じゃないか。なんで、そこが経営危機なんだ。なんで、そこの夕刊が廃止《はいし》なんだ。おかしいじゃないか。

嘘《うそ》をいっぱい書いとるとこが、なんで、まだ生き残っとるんだ。で、それが、なんで、〝クオリティペーパー〟なんだ。やはり、この世の中に「正しさ」を経済的にも実現せないかん。

あんたが元いた会社あたりは、もっと部数が出なきゃいかん！　やはりなあ、部数が出ないのは、第一面に「信仰が大事だ」と書かんからだ。第一面から、「信仰が大事だ」「幸福実現党という、正しい信仰をもとにして、国家の繁栄と世界の繁栄を願っている政党が、今、活躍中《かつやくちゅう》です」って言って、カラー写真で、なあ、木村党首の輝《かがや》ける顔を出すぐらいやったら、会社は発展する。なあ、天使も応援《おうえん》する。

まだ、ちょっと優柔不断《ゆうじゅうふだん》が過ぎとる。マスコミの護送船団から抜け切れとらんのだ。徹底的に差別化したらええ。◯◯紙にエッチな記事が載《の》ってるかどうかなんて、そんな、どうでもええこっちゃ（会場笑）。

そんなことは気にせんで、やはり本体のほうの新聞で堂々と信仰の大切さを書きまくったら、信仰する人が増えて、部数が増える。なあ、そうだろう？　そうでなきゃいかん。

もう、横並びなんて、そんなものは要《い》らんのじゃ。同じコンビニが何軒《けん》あったって一緒《いっしょ》だ。なあ、やはり違いが要る。だから、徹底的に違いを出すことだ。「うちは、唯物論《ゆいぶつろん》と戦って、正しい信仰を推《お》し進める。日本人に、正しい人生観を教え、世界に尊敬される文化国家をつくる」と、そういうことを言うような新聞の部数は伸びないいかんのだ！

「唯物論でもって日本を中国化し、独裁国家に持っていこう」っていうようなとこには、やはり、お仕置きが要る！　わしは、ほんとにそう思うな。

だから、ちょっと、この世の中、引っ繰《く》り返さないかんぜよ！　ほんと、あんたら、もっと頑張らないかんぜ。

間違った方向に導いてるとこに対しては、お仕置きが要るぜよ。だから、経済的にも結果が出なあいかん。

幸福の科学は、自分ら独自で、ささやかな新聞を出したり、ささやかなテレビ番組をつくろうとしたりしとるらしいけども。ま、ささやかな抵抗《ていこう》に見えるかもしらんけど、そう言ったって、イスラム圏《けん》に行ったら、みんな宗教放送やっとるよ、どこもね。仏教の本場でもやっとる。当ったり前だ、そんなの。やってないのは、そりゃもう、唯物論国家だけだ。

だから、宗教が堂々とマスコミに出られないような国は、おかしいんじゃ。それが「おかしい」ということを、やはり知らさないかん。

まあ、そういうことを言いたいなあ。

まだ、なんか質問あったっけな?

綾織　以上でございます。ありがとうございます。

坂本龍馬　そんでええんかいな？　これで半分行《い》ったかい？
じゃあ、間《ま》もなく、もう一回、降臨するぜよ。

（休憩《きゅうけい》に入る）

第2章

幸福維新《いしん》の志士よ、信念を持て

二〇一〇年一月六日　坂本龍馬の霊示《れいじ》

質問者
里村英一《さとむらえいいち》（「ザ・リバティ」編集長）
饗庭直道《あえばじきどう》（幸福実現党広報本部長代理）
滝口笑《たきぐちえみ》（幸福の科学出版副社長）
［役職は収録時点のもの］

1 「龍馬《りょうま》ブーム」を「幸福実現党ブーム」へ

大川隆法　では、質問者も替《か》わりましたので、新しい霊言《れいげん》をいただきたいと思います。

（約二十秒間の沈黙《ちんもく》）

坂本龍馬　ああ、またあんたか。

里村　坂本龍馬《りょうま》先生、本日は本当にどうもありがとうございます。

坂本龍馬　ああ。

里村　龍馬先生からは、たくさんの勇気溢《あふ》れる言葉を頂戴《ちょうだい》しております。私は「ザ・リバティ」編集部の里村英一と申します。

坂本龍馬　まあ、知ってるよ。うん。

里村　本日は幾《いく》つか質問させていただきたいと思います。先ほどまでの質問と違《ちが》いまして、やや下世話《げせわ》な質問もあるかと存じますが……。

坂本龍馬　得意だよ（会場笑）。うーん。

里村　どうぞ、お許しください。

まず初めにお伺《うかが》いしたいのは、現在の「龍馬ブーム」に関してです。先ほど木村党首も申しましたように、今、龍馬ブームが起きております。

坂本龍馬　ああ、そりゃあ、ええこっちゃ。

里村　この龍馬ブームを、龍馬先生はどのようにご覧になっているのでしょうか。

龍馬先生は、「いろは丸」事件の賠償交渉《ばいしょうこうしょう》などに見られるように、非常に〝仕掛《しか》け〟がお得意でしたので、「この龍馬ブームは、実は、幸福維新《いしん》へとつなげる仕掛けとして、龍馬先生ご自身が起こしている」というような事情がございましたら、ぜひ、その真相をお聞かせいただきたいと思います。

新しい時代には、〝変なこと〟を考える人間が必要

坂本龍馬　いや、全然関係ない（会場笑）。そりゃあ、勝手に周りがしたんだろ。ただ、あれじゃないか。今、ＮＨＫに、若干《じゃっかん》、贖罪《しょくざい》意識があるんとちゃうかなあ。

だから、「坂の上の雲」とか、「坂本龍馬」とか、この辺をやろうとしてるんだろ。内容的には、ちょっともの足りないんかもしらんが、単なる左翼《さよく》に寄りすぎたら、ちょっと批判が出るかと思って、バランスを取ろうとして、やっとるんかもしらんな。

それと、やはり、「日本が沈《しず》んでいくかもしれん」というところかのう。あれじゃないか、去年、幸福実現党が、「国難、来たる」とだいぶ言うたので、けっこう影響《えいきょう》は出てるんじゃないかなあ。そう思うし、大川総裁もＮＨＫに行っ

て説法（政見放送）をぶち込《こ》んできてるし、そのとき、お偉方《えらがた》がだいぶ会っとるので、影響は受けておって、さっきの話じゃないが、やはり、地獄《じごく》に堕《お》ちるのを怖《こわ》がっとるのと違うかなあ。

だから、「バランスを取って、『この国を国難から守り、発展させる』という希望や夢についても、ちょっとは、やらないかんのかなあ」という感じが出てきているのかもしらんし、今、幸福の科学のほうから、何の法やったっけ、何とかの法が……。

里村　『創造の法』です。

坂本龍馬　あ、そうだ、そうだ、『創造の法』が出てるっちゅうんで、霊界のタイミングとしては、確かに、『創造の法』と坂本龍馬っちゅうのは、ある意味では合ってるかもしらんなあ。

だから、奇人《きじん》・変人、大募集《ぼしゅう》なんだろ？　で、わしが呼ばれて、あんたが呼ばれとるんだろ？（会場笑）まあ、そのとおりだ。

新しい時代には、〝変なこと〟を考える人間が出てこんかったらいかんのだ。そういう人間を、はじき出してしまったら、今の体制が続くと思うとるようだったら、いずれ幕府みたいに腐《くさ》っていくんだ。だから、やはり、時代の新陳《しんちん》代謝っていうか、そういうもんが要《い》る。

今まで主流だったような人が、いつまでも主流でいられると思ったらいかんのだ。全然違う人が出てきて、時代を変えていかないかん。「そういうもんだ」ということを知っとらないかん。

もし、未《いま》だにだな、あなた、奈良《なら》時代が続いとったら、どうする。平安時代が続いとったら、どうする。平安貴族の時代を潰《つぶ》して鎌倉《かまくら》時代が出たけど、鎌倉時代が今まで続いておったら、どうするね。江戸《えど》時代が続いておったら、どうする。明治のままだったら、どうする。時代が変わっとるっちゅうことは、ええことだよ。

日本の「二十世紀最大の偉業《いぎょう》」を正当に評価せよ

気をつけないかんことはだな、今、「日本がまだ経験してないことをさせよう」と思うとる者がいることだ。日本のなかにも一部いるし、外側には、だいぶおるけれども、「日本も、一回、植民地になってみたらどうですか」と言うとる勢力がおる。ええか。

アフリカの国、アジアの国は、みんな、一通り、だいたい植民地になっとるな。タイあたりは、なってなかったかもしらんけど、ほとんどそうだろ。インドでさえ、百五十年もイギリスにやられとった。ほとんどのアジア・アフリカの国は欧《おう》米《べい》の植民地だったんだ。

それを、日本が奮戦して食い止めたことは、ほんまに大きい。日清《にっしん》・日露《にちろ》の戦争、それから、第一次大戦、そして、第二次大戦でアメリカと戦った。

ヒトラーなんて、弱くて、すぐ負けてもうたな。もっと強いかと思ったら、何の役にも立たん。あっさり負けてしもうた。「ドイツは強い。科学力がある」と思って同盟したら、ほんとに、あっさり負けてもうた。そのあと、日本も、えらい目に遭《お》うたよな。あんな弱いとこと組んでもうたためにな。ちょっと騙《だま》されたね。ドイツはもうちょっと先進国だと思うとったからなあ。

日本がやったことは、悪いことばっかりでないぞ、ほんとに。

言うとくけど、欧米の列強による、アジア・アフリカの植民地化の流れを、必ず、未来の歴史は断罪しますよ。絶対に断罪しますよ。

　そのときにだな、坂本龍馬以下、明治維新の志士たちが命を賭《と》して革命を起こし、そのあと、「坂の上の雲」かなんか知らんけれども、「富国強兵、殖産《しょくさん》興業で、この国を強くし、絶対、植民地にさせないぞ。ヨーロッパの植民地にされてたまるか！」と言って、頑張《がんば》ったっていうことがな、世界的に見て、どれほど、貴重な努力だったか。白人優越説《ゆうえつせつ》による人種差別と戦って、打ち破ったことが、どれほど、アジア・アフリカの人々に対して勇気を与《あた》えたか。まだ歴史的には正しく評価されとりゃせんのじゃ。

　これは、日本の時代が来んかったら評価されん。日本が第二次大戦に敗れたために、今、正当な評価がされとらんのだ。このままではいかんぜよ！　あんたら、もう一丁《いっちょう》、気合いを入れていかんとあかんよ。

　だけど、今、日本には、アメリカに勝てるような国力はないからねえ。だから、しょうがないけども、今んとこは、そのいちばん強い国と戦わないようにして国力をつけないかんので、アメリカと同盟を組んでいるべきだと、わしは思う。これは、アメリカと戦わんためにも必要なことだ。

だけども、この日本の歴史を正当に評価し、理解させないといかん。世界の植民地化の流れを食い止めたってことは、これは本当に大きな「二十世紀最大の偉《い》業《ぎょう》」なんだ。

日本は、日露戦争でロシアと戦い、それから、第二次大戦でアメリカ軍と四年は戦ったんだろ、少なくとも。三年半かな。航空母艦《ぼかん》決戦などで四年近くも戦った。

イラクなんて、戦いにならんかったじゃないか。ミサイルを持ってて、すごいんかと思ったらな、なんや、全然、戦いにもならず、あっという間に逃げてもうた。ほんと弱かったね。

六十年以上前の日本は、そらあ、そう言ったって、当時、もう世界第二位だったんだよ。だから、アメリカと覇権《はけん》戦争をしたわけだな。その後《ご》、手打ちをして、友達になったっちゅうことは、いいことだよ。薩長《さっちょう》連合みたいなもんだ。そういうもんができたんで、「ええこっちゃ」と思うけども、ただ、この歴史の判断は、やはり、変えさせないかんと思うな。

欧米で反省したとこなんて、どこもあらへん。一国も反省しとりゃせん。

まあ、アメリカで、ベトナム戦争以降、反戦運動みたいのが起きたし、湾岸《わんがん》戦争以降、多少、湾岸戦争症候群《しょうこうぐん》みたいなので、なんか病気が流行《はや》ったり、精神疾《しっ》患《かん》が起きたりして、いろいろと医者に通ってる人が増え、反戦気分が盛り上がったことはある。イラク戦争以降もまたちょっとあったりして、アメリカの正義が正しいかどうか、ちょっとグラグラ揺《ゆ》れてるところはある。

こうした批判勢力が、なかにはあるけどな。

ただ、歴史を正確に見るかぎりでは、欧米列強がアジア・アフリカでやったことは「人道に対する罪」だよ。これは明らかなんだ。

だから、今、アメリカには、それを言う資格はないと思うな。アメリカ自身は、そのときに、ヨーロッパの列強による、アフリカやアジアの植民地化には加わってなかったかもしらんけど、少なくとも、ちょこっとはやっとるよな。ハワイを取ったりしとるけどもね。まあ、盗人《ぬすっと》みたいに、ちょろっとは取っとるけども、最後だったからな。

でも、あれには、やはり反作用が来るよ。その意味で、アジア・アフリカの時代が、これからやってくるだろうと思うよ。これが復権して力を持ってくる時代が来る。かつては、アジア・アフリカも先進国やったんや、ヨーロッパよりもな。まっ黒いほうが先進国だったんや。だから、歴史は書き換《か》えていかれないかん。今、その途上《とじょう》にあるんだ。

で、あんた、何訊《き》いたんや？（会場笑）

里村　今の龍馬先生ブームが正しいかどうかと。

民主党による〝革命〟では、本質は全然変わっていない

坂本龍馬　ああ、龍馬ブーム、そりゃ、正しいブームや。そら、起きないかん。龍馬ブームが起きとるっちゅうことはだなあ、やはり、維新運動を起こすつもりなんじゃや。あれをだなあ、勘違《かんちが》いして、民主党による〝革命〟をほめたたえる趣旨《しゅし》でやってるのもいるかもしらん。

それに便乗して、無血革命だの無血開城だの言うとるかもしらんけれども、どっこい、それを〝本歌取《ほんかど》り〟してじゃな、「いや、違う。幸福維新がブームなんじゃ」と、すり替えていかなあかんな。そっちへ持っていかなあかん。「こんなの、本物の革命じゃない。既成《きせい》勢力やないか。既成勢力の派閥《はばつ》争いみたいなもん

だ」と。革命なんかじゃないよ、こんなの、全然。

役人が国会で答弁をしなくなった。それで革命が成立したのか？　とんでもないよ。

ゼネコン不況《ふきょう》を起こしたら、革命が起きたのか？　とんでもないよ。全然、そんなことないよ。好況だったのを不況にしたら、革命が起きたのか？　そんなことないよ。

自民党のとき、いっぱい政治資金を集めたけど、民主党政権になったら、政治資金が、一切《いっさい》、要らなくなったのか？　そんなことないよ。そら、お金は要るよ、政治にはね。

だから、本質的なとこは、全然、変わってないよ。なんにも変わってない。まったく変わってない。まったく変わってなくて、自民党で干された人たちが、民主党に集まって、やってるだけのことだな。

あと、変てこりんなことを言う小政党があって、くっついて、やってるけども、もし、いいことがあるとしたら、その変てこりんなことを言う小政党が、まともになってくれれば、つまり、政権に入ることによって、やがて、「自分たちの言ってることは間違っている」ということが分かって、〝蒸発〟してくれれば、そういう意味での効果はあるとは思うが、いずれにしても、大したことではないと思うな。

今は、小党に引きずり回されて、尻尾《しっぽ》が頭を振《ふ》り回してるような状態になっとるわな。これが革命の正体かい？　何のことはない、自分が認められなかったから、よそのとこでやろうとしてるだけじゃないか。それだけのことだな。

龍馬ブームの背景に、もしかしたら、「自民から民主へ」というのを革命と称《しょう》し、それをやってるつもりで、応援《おうえん》してるような気分も一部にあるかもしらんけれども、そういうものは、えてして、意図に反した方向に流れていくもんなんだ、世の中な。

龍馬が指導しているのは幸福実現党ただ一つ

この「龍馬ブーム」を見事に「幸福実現党ブーム」のほうへと流してこなきゃいかんね。わしは、しっかり流してくる必要があると思うな。

そして、「幸福実現党の応援になって放送倫理《りんり》規定に反するので、『龍馬伝』の放映を中止します」とか、NHKが発表するようになったら、そらあ、苦しい板《いた》挟《ばさ》みやろうなあ。「十二月までやってしもうたら、幸福実現党の応援になってしまうので、これは困るなあ」とかいうことになったら、面白《おもしろ》いな。

さらに、視聴率《しちょうりつ》が上がってたりしたら、もっと面白いじゃないか。「視聴率が上がってて、やめるにやめられないけど、幸福実現党の応援になってしまい、放送倫理規定に違反するかもしれないんで、困る」とかねえ、そんな感じになるかもしらんから、いいと思うよ。

幸福実現党の応援には、私だけでなくて、ほかの維新の志士たちも、みな、出てきとりますので、「そういう維新の志士たちが、どんどん応援してくれてる」ということは、ガンガン言ってもええと思うよ。

彼らに独占権《どくせんけん》があるわけでもなんでもないし、わしには、なんの挨拶《あいさつ》もないからなあ。なんの挨拶も受けとらん！

「龍馬伝」を放映するに当たって、幸福実現党ないしは幸福の科学に来て、「一年間、放映させていただきます。ご指導、ご加護のほどを、よろしくお願い申し上げます」と、ちゃんと言いに来い！　責任者、出てこい！　社長、出てこい！

ただで放映させてもらうのは、それはいかんぜよ。ただはいかん。

高知の龍馬像ぐらいは見に行ったかもしらんけどもだな、お賽銭《さいせん》は払《はら》っとらんぜ。あそこ、お賽銭を置くとこないからな。お賽銭を払ってないよ。そのぐらいではいかんよ。そういうエゴイストはいかん。

お賽銭が要る。お賽銭をどこに払う？　幸福実現党に払いなさい、幸福実現党に。幸福実現党を応援することで、お賽銭代わりになるんじゃ。それで、「龍馬伝」の正当性が出てくる。

今後、幸福実現党を軽《かろ》んじて、明治維新なんか放映することは許さん！　相許《あいゆる》さない。

維新の元勲《げんくん》すべて集まれり。地獄に行っとる者以外は集まっとるのであって、幸福実現党を軽んじて、明治維新を語るなかれ。放映するなかれ。時代劇をつくるなかれ。

まあ、何か制定したいぐらいだなあ、ほんとに。「お賽銭、要ります」「龍馬はん、怒《おこ》ってます」というのを、ちょっと活字にしといたほうがええ。

NHKは一言も挨拶に来とらん。お礼に来とらん。酒の一升瓶《いっしょうびん》も持ってきとらん。神棚《かみだな》に祀《まつ》っとらん。まあ、そういうことだなあ。

龍馬神社を建てろとは言わんが、せめて、幸福実現党、幸福の科学にご挨拶に来なさい。「私が指導しておるんじゃ」ということだな。それを知ってもらいたい。

決して民主党は指導はしておらん！

決して自民党も指導してはおらん！

ましてや、公明党、社民党、共産党、みんなの党、国民新党、どれも指導していない！

指導しているのは幸福実現党ただ一つである。

それを承知の上で、「龍馬伝」の視聴率を上げるように企業《きぎょう》努力をなされるのならよろしいと思うが、間違っても、鳩山由紀夫《はとやまゆきお》や小沢一郎が、坂本龍馬みたいな気分にならないように、やっていただきたいもんだと思う。

2　現代の海援隊《かいえんたい》とは何か

里村　ありがとうございます。もう一点、お伺《うかが》いしたいことがございます。龍馬先生は、ご生前、「薩長同盟《さっちょうどうめい》」や「大政奉還《たいせいほうかん》」を創造され、さらにまた、新婚《しんこん》旅行まで創造されたということで、本当に、創造の時代にふさわしい……。

坂本龍馬　ははは！　あんた、最後のは、そら、創造ではないぞ、おい。創造ではなくて、ま、実践《じっせん》しただけだ（会場笑）。

里村　ご生前には、「世界の海援隊《かいえんたい》でもやるか」と言われたそうですが、もし、

『創造の法』が説かれている今の時代に生きていたら、どのようなことをなされるでしょうか。若い人にも希望を与《あた》えることですので、ぜひ、お伺いしたいと思います。

坂本龍馬　そらあ、もう、「宇宙戦艦《せんかん》ヤマト」じゃ。

里村　は？

地球防衛軍を創設し、「宇宙戦艦《せんかん》ヤマト」の建造にかかれ

坂本龍馬　宇宙戦艦ヤマトをつくるよ。今の海援隊は宇宙戦艦ヤマトじゃ。それは地球防衛軍じゃ。地球防衛軍をつくらないかん。

だから、日本が軍備をしちゃいかんというんだったら、もう自衛隊なんてやめ

てまえ。で、「日本は、もう自衛隊なんかつくりません。日本の軍隊なんか要《い》りません。地球防衛軍を創設いたします」と、これでいいんですよ。そいで、そんなかの旗艦《きかん》を「宇宙戦艦ヤマト」と名付ければよろしい。

今年は、龍馬ブームだし、ヤマトブームらしいじゃないですか。その意味では、日本人の大和心《やまとごころ》を取り戻《もど》すチャンスでもありますな。

あんまりナショナリズム的に言うのが、悪いことのように言われるんだったら、日本に地球防衛軍を創設する。これが海援隊だ、今で言えばな。

明治前の海援隊は地球防衛軍に相当するものだ。規模的には、そのくらいの考え方に相当する。

だから、あなたがたには、ぜひ、宇宙戦艦ヤマトの建造にかかっていただきたい。うん。そして、地球の危機に取り組んでいただきたい。

宇宙戦艦ヤマトは、地球上のさまざまな争い事をなくすためにも活躍《かつやく》せねばならんが、もし宇宙から巨大隕石《きょだいいんせき》が地球を襲《おそ》ったときには、地球から発進して、それを撃《う》ち落とさねばならん。

そういう意味では、「宇宙技術も開発しなければならない」ということだな。今、軍隊のことも言ったが、「宇宙技術もやらないかん」ということだな。「宇宙に対しても警戒《けいかい》を怠《おこた》るべからず」ということだ。

巨大隕石も来るかもしらんが、宇宙人も、いっぱい来ておるぜよ！

宇宙人が里村の顔をして中国を歩いとるぜよ！（会場笑）いつの間にか、あんたの顔は取られとる、もう。複製を取られて、その顔がいっぱい歩いとる。気をつけたほうがええぜよ。

そんなに明確な攻撃《こうげき》は、今、されてるわけではないけれども、偵察《ていさつ》部隊で、いっぱい入ってきとるんで、突如《とつじょ》、現れてきて、攻撃行動をされることだって十分にある。

そういうことで、宇宙研究も、ものすごい遅《おく》れとるぜよ！　これ、いかんぜよ。だから、宇宙防衛も考えておればだな、国の防衛も一緒《いっしょ》さあ。宇宙人と戦えるぐらいだったら大丈夫《だいじょうぶ》だよ。どこと戦っても十分に守り切れる。「今の海援隊」ということなら、そのくらいの地球防衛軍、ないし、地球を宇宙から防衛する気持ちまで持ったものを、わしは考えるなあ。

宇宙開発は「新産業起こし」にもつながる

だから、今、海援隊をやるんやったら、やはり、宇宙に出ていくなあ。どうしても宇宙に出ていくなあ。やはり、宇宙、宇宙。

さっきも、核《かく》アレルギーがどうのこうのと、まあ、ちんまいことを言うとったからのう。だから、核アレルギーじゃなんじゃ言うんだったら、核兵器なんか言わずに、宇宙を目指して、「宇宙開発」と言うとりゃええんだ。宇宙開発で開発したもんは、全部、核に転用するんは簡単だ。宇宙に行けるんだったらね、地球の上で飛ぶぐらい簡単だ。

だから、宇宙開発を、もうガンガンやったらええ。そりゃ、今の「新産業起こし」にもつながることやろ。職がない人はいっぱいおるんだから、職をつくってやれ。それには宇宙開発だ。宇宙に行って、資源を開発したり、住めるとこも開発したりする。夢があるじゃないか。

地球が狭《せま》くなって、人口が七十億から百億になろうとしてる。そのうち、もう、こら、宇宙に出なきゃいかんようになるかもしらん。そうしなきゃ殺し合いだ。食糧《しょくりょう》がなくて、殺し合いをするか、争奪戦《そうだつせん》が始まる。

だから、もう地球がいやんなる人だって出てくる。

月に早《はよ》うマンション建てんかい！　月にドームをつくって、マンションを建てて、生活できるようにせないかん。

太陽光発電なんて、地球でやっとる場合か！　そら、もう、宇宙でやらないかん。

だから、宇宙で住めるようにして、宇宙に出ていける所を、一生懸命《いっしょうけんめい》、つくって、宇宙産業をつくっていったらええ。

そうすれば、同時に、それは国防にもつながるだろ。

だから、まあ、わしが、今、海援隊をつくるとしたら、宇宙戦艦ヤマトだ、基本的には。まあ、そんなことを考えるな。

でも、エイリアンは来とるぞ、ほんとに。坂本龍馬が言うのはおかしいが、エイリアン、ほんとに来とる。宇宙人は来とるから、いつ何が始まるかは分からん。そこまで日本人はまったく考えていないからなあ。

今、アメリカが、エイリアンに対して、まったく手が出ないでいるので、やはり、アメリカを超《こ》す技術を、ほんとは開発せないかんのだ。今、アメリカが、もう完全に奴隷《どれい》状態に陥《おちい》っとるからなあ、敵《かな》わないので。宇宙人のほうから技術を供与《きょうよ》してもらっとるらしいから、完全に植民地化されとるので、アメリカは勝てない。

だから、アメリカを抜《ぬ》く科学技術を開発しなきゃいけない。それができるのは日本しかないぜ。そのために、やはり頑張《がんば》らないかん。

種子島《たねがしま》で、いつまでも、こもっとったらいかん。日本中で、やはり、宇宙へ出ていかないといかん時代が来とる。これで人口問題も解決するし、「食糧基地等を地球外でもつくる」というようなことが大事だな。

そういうようなことが、現代的に言えば、海援隊の構想につながる。いまどき、タンカーをつくって走らしたりは、わしゃあ、せんぜ。

まあ、そういうこった。うん。

3　龍馬暗殺の真相

里村　ありがとうございました。最後に一点だけお伺《うかが》いします。

二十五年前に天上界《てんじょうかい》から坂本龍馬先生が降臨され、霊言《れいげん》をされた際、暗殺のときの話については……。

坂本龍馬　はあ、痛いぜよ。

里村　「もうええだろう」ということを、お答えいただいたのですが、現在に至るも、日本人には、龍馬先生暗殺の犯人についての関心がたいへん強く、去年もまた、関連する本が出ております。

坂本龍馬　ああ。

里村　犯人の名前、あるいは、「どういう組織か。どういう人たちだったのか」ということを、教えていただけたら幸いです。

一撃目《いちげきめ》で額を斬《き》られ、二撃目で脳をやられた

坂本龍馬　あのなあ、あんた、暗殺されて、相手、犯人が誰《だれ》かって特定できるか？　そんな暇《ひま》、あれへん。一瞬《いっしゅん》で斬《き》られとるからの。脳をやられとる。だから、殺された本人が霊言したとしてもだな、それが正しいという確証はあれへん。そらあ、一撃《いちげき》だ。

酒くらって、刀を持っとらんかったら、千葉道場で師範代《しはんだい》しとったって、そらあ、防げん。わしんとこは「無刀取り《むとうどり》」を教えてなかったんでな。

しかしさ、無刀取りも、縦に斬るやつは取れるけど、横に斬るやつは取れんよ。横にはらわれたら刀を押《お》さえられん。横に斬ってきたからな、一撃目が。横にはらったんだ。だから、これでは無刀取りはできん。やはり、ちょっと無理だ。柳生《やぎゅう》でも、これは、たぶん止められん。横に振《ふ》るやつを縦で押さえるのは、なかなか難しいな。蠅《はえ》なら潰《つぶ》せるけどな。ちょっと難しかったな。

一撃目は横斬りで来た。だから、わしの額、横に斬られたんだ。ああ。この一撃で、最初、ちょっと機動力を失ったな。

そのあと、床《とこ》の間《ま》に走って刀を取りに行ったんだけど、抜《ぬ》く前に、次、縦に斬ってきよったからな。この二撃目がなあ、脳のなかにズバッと入りよってな、この二撃目で、わしゃあ、動けんようになってしもうたんじゃ。

そのあと三撃目が来たと、確か、思うがな。

当時も名刺《めいし》っていうもんがあった。そら、名刺っていうのは人を騙《だま》せるもんだな。気い付けんといかんで、あんた。名刺を見て相手を信じたらいかん。だから、わしんときも、名刺というか、木札みたいなもんで名乗ってきたので、上げたら、やられた。

まあ、風邪《かぜ》引いとったでなあ。調子も悪かったのもあるが、わしの誕生日が、わしの命日になるとは思わんかった。ちょっと無防備ではあったかもしらん。

まあ、でも、死ぬ時期でもあったんかなあ。長生きしたとしても、わしは、明治政府の中枢《ちゅうすう》に入って、位人臣《くらいじんしん》を極《きわ》めるつもりなんか、まったくなかったので、革命が成就《じょうじゅ》しても、おそらく自由人への道を選んだじゃろう。なまじ、引っ張り出されて、参議なんかさせられ、下野《げや》して、まあ、西郷さんみたいになるのは嫌《いや》じゃな。

そういう意味では、わしが長生きしたら、おそらく岩崎弥太郎《いわさきやたろう》みたいな仕事をしたのかもしらん。まあ、三菱《みつびし》みたいなのをやったのかもしらんけど。

運命的には、〝仕事〟が終わった段階で襲《おそ》われた。

それまでにも、危機はいっぱいあったし、すでに襲われて斬られたこともあるので、よくご加護はされていたほうかな。

だから、まあ、天に見放されたんじゃろな。「もう龍馬は役に立たんので、もう要《い》らんのう」と思われたんだろな。

誰だ、これ決めたのは、ほんまにっ！　許せんでなあ。

そりゃ、「里村は、もう役に立たん」と言ったようなやつがおるんだろうなあ。

この辺の秘密は、わしには明かされとらんのじゃが、まあ、そういうやつがおるんだろう。

左利《き》きの相手に小太刀《こだち》で攻撃《こうげき》されたのが敗因

「腕《うで》に自信はあったので油断してた」っていうとこは、ちょっとあったかな。わしは、「わしを暗殺することなんか、そんなに簡単にできるもんか」と思ってたのは事実だ。

だけど、気を許しておったのと、刀を手元に置いとらなかったのが敗因じゃったなあ。

もう一つの敗因は、向こうが小太刀《こだち》で来るとは思わんかったことじゃ。これが敗因だった。入ってきたときに長剣《ちょうけん》で来たら、瞬時に机を蹴《け》り上げてでも守りに入ったんだが、長剣じゃなかったんだよ。向こうは小太刀だったんだ。小太刀で来たんだ。

小太刀だけ持ってくる場合には、武士にとっては、「戦わない」という意味だからな。長剣ではなかったんだよ。小太刀しか持ってなかったので、計略に引《ひ》っ掛《か》かったんだ、実は。

それで、ちょっと、一瞬、「話に来たのか」と思った。維新《いしん》の浪士《ろうし》が、いっぱい、わしを訪ねてきとったからな。勝先生みたいに、わしも人には会ってやっとったが、相手は小太刀しか持っておらんかったので、それで、ちょっと、一瞬、気を許した。

わしだって剣豪《けんごう》じゃから、「踏《ふ》み込《こ》まれる」と思ったら、最初からそれなりの備えはしたから、あそこまでは無様《ぶざま》にはやられなかったんじゃ。

相手は小太刀しか持ってなかったんじゃ。それもだなあ、小太刀も、普通《ふつう》は、こう、左から右に抜くだろ？　だけど、右手で持ってきてたんじゃ、小太刀をな。だから、これ、普通は「抜けない」と思うだろ？　ところが、左利《き》きやったんじゃ、相手が。左手で小太刀を抜いたんじゃ。

料金受取人払郵便

荏原支店承認

1052

差出有効期間
平成24年9月
30日まで
（切手不要）

1 4 2 - 8 7 9 0
4 5 6

東京都品川区
戸越1丁目6番7号

幸福の科学出版（株）
愛読者アンケート係 行

フリガナ お名前	男・女	歳
ご住所 〒　都道府県		
お電話（　　　）　―		
e-mail アドレス		
ご職業	①会社員 ②会社役員 ③経営者 ④公務員 ⑤教員・研究者 ⑥自営業 ⑦主婦 ⑧学生 ⑨パート・アルバイト ⑩他（　　）	

ご記入いただきました個人情報については、同意なく他の目的で使用することはございません。ご協力ありがとうございました。

愛読者プレゼント☆アンケート

『龍馬降臨』のご購読ありがとうございました。今後の参考とさせていただきますので、下記の質問にお答えください。抽選で幸福の科学出版の書籍・雑誌をプレゼント致します。(発表は発送をもってかえさせていただきます)

1 本書をどのようにお知りになりましたか。

①新聞広告を見て[朝日・読売・毎日・日経・産経・東京・中日・その他(　　　　)]
②雑誌広告を見て(雑誌名　　　　　　　　)
③交通広告を見て(路線名　　　　　　　　)
④書店で見て　⑤人に勧められて　⑥月刊「ザ・リバティ」を見て
⑦月刊「アー・ユー・ハッピー?」を見て　⑧幸福の科学の小冊子を見て
⑨ラジオ番組「天使のモーニングコール」を聴いて
⑩幸福の科学出版のホームページを見て　⑪その他(　　　　　　　　)

2 本書をお求めの理由は何ですか。

①書名にひかれて　②表紙デザインが気に入った　③内容に興味を持った
④幸福の科学の書籍に興味がある　★お持ちの冊数＿＿＿＿冊

3 本書をどちらで購入されましたか。

①書店(書店名　　　　　　)　②インターネット(サイト名　　　　　　)
③その他(　　　　　　)

4 本書へのご意見・ご感想、また今後読みたいテーマを教えてください。

(なお、ご感想を匿名にて広告等に掲載させていただくことがございます)

5 今後、弊社発行のメールマガジンをお送りしてもよろしいですか。

はい(e-mailアドレス　　　　　　　　)・いいえ

6 今後、読者モニターとして、お電話等でご意見をお伺いしてもよろしいですか。

(謝礼として、図書カード等をお送り致します)

はい・いいえ

これで一撃目をくらったために、俊敏《しゅんびん》な動きができんかった。普通だったら、わしは、そら、二、三秒あれば、何らかの対応はしたんだがな。

だから、ちょっと、そこは相手も考えたな。ちょっと、これは知力戦だな。

小太刀を持ってきたことと、右手で提《さ》げてきたことで、「これは、話し合いに来たもんだ」と、当然、思うわな。その一瞬、ほんの数秒だ。ほんの一、二秒だな。ほんの一、二秒の油断だったな。

まあ、酒を飲んでたのと、風邪気味だったのもあったけども、ほんの一、二秒の油断だったな、あれは。あの一、二秒が分かっておって、一撃目をかわすことができれば、何とか防ぎ切れたのだが、まあ、これは、武人としての動物性が、ちょっと落ちとったと言うべきかもしらんがな。

そういうことで、真相は、小太刀でやられたんだ。右手に小太刀を提げてきたので、騙された。で、木でつくった木札だけど、名刺を通してこられたので、それでやられたということだ。

犯人は、あえて言えば見廻組《みまわりぐみ》だろう

犯人が誰かということは、まあ、わしは、あんまり言いたあないので、言わんけど。「わしが犯人じゃ」と言うとる人も、いっぱい、歴史的にはおるようじゃけども、まあ、はっきりは言いたくはないんじゃ。

新撰組《しんせんぐみ》説、見廻組《みまわりぐみ》説、それから、「薩摩《さつま》だった」とかいう説だとか、まあ、いろんな説が流れてはおるわな。「どこも、動機から見たらある」という意見はあるんだ。

あえて言えば、まあ、見廻組だろうなとは思うが、もう向こうも死んどるから、あんまり言うつもりはないよ。油断したわしのほうが悪いんだ。

ただ、やるべきことはやれたし、明治維新を見届けられなかったのは、ちょっと残念じゃが、ま、天上界《てんじょうかい》で見ることはできたな。

　あと、わしが有名になったのも、死んで三十年以上もたってからだったかなあ。日露《にちろ》戦争のときだったか、昭憲皇太后《しょうけんこうたいごう》の夢枕《ゆめまくら》に立ってね、「日本は勝てます」と言うた。日本じゅうが「負ける」と言うてたときだったからな。「絶対、負ける」と、「この戦争には負ける」と、「世界最強のバルチック艦隊《かんたい》になんか、勝てるわけがない」なんて言ってるときに、皇后さまのとこに行って、夢枕に立って、「勝てます」と、わしは言うたと。

　それで、「この男ですか?」と言うて、わしの写真を見せたら、皇后さまが「これです」と。それで坂本龍馬が有名になったんだけど。ちょっと忘れられとったんだ、明治維新以降はな。

　まあ、そんなようなことはあるわな。あとから有名になっていくっちゅうことは。だんだんあとになってくると出てくるもんもあるし。

きのうも松陰《しょういん》さんがちょっと言うとったけどもな、イエス・キリストみたいな人だって、死んでしばらくは、ただの罪人として思われとったんだろうけどな。あと何十年もたってから、あんなに〝復活〟してくるなんて、当時の人は誰も思わんかったろうな。

まあ、そんなようなもんで、真価はあとから評価されてくるもんだな。だから、あれだよ、斬られたら痛いが、でも、暗殺されると惜《お》しまれるからなあ。それはええことだ。

あんたも早《はよ》う死んだほうがええぞ（会場笑）。長生きすると嫌われるが、早う死ぬと、「惜しい人物をなくした」って言うてくれる。〝呪《のろ》いの言葉〟をかけて、申し訳ないな。

だから、まあ、死に方は、そんな死に方ではあったということだ。

まあ、見廻組だと、わしは思うがな。

里村　細かく教えていただき、本当にありがとうございました。

坂本龍馬　ＮＨＫがどんなふうに撮影《さつえい》するか知らんがな。まあ、最後、年末まで行かないと分からんのだろうな、龍馬暗殺の場面はな。

勝先生とかは、やはり偉《えら》いなあ。なんで斬られんのだろうなあ。ありゃあ、不思議だなあ。ほんまに不思議な人だなあ。

あの人なんか、刀で斬りかかってきたやつを、素手《すで》で投げ飛ばしてるぐらいだからなあ。すごいなあ。やはり気合いだなあ。

まあ、でも、隙《すき》がないんだろうな、普段から。わしは、ちょっと隙があったでなあ。これが、いかんかったなあ。まあ、頭のええ人は、ちゃうなあ。

あんた、頭がええようならんといかんぜえ。頭が悪いと斬られるぜえ、ほんまに。暗殺されんように、しっかり頭を鍛《きた》えとかんと、脳天かち割られるぜよ、ほんとに。痛いぞよ、ほんまに。

里村　肝《きも》に銘《めい》じます。ありがとうございます。

坂本龍馬　斬られたら痛いぜえ。ほんまに頑張《がんば》らんとな。おお、くだらん話したな、ほんと。

里村　ありがとうございました。

坂本龍馬　こんなんでええんかな、もう。

4　参院選勝利に向けての戦略・戦術

饗庭　では、続いて、私が質問させていただきます。幸福実現党の饗庭直道《あえばじきどう》でございます。よろしくお願いいします。

坂本龍馬　ああ、有名な人じゃないか。

饗庭　とんでもございません。昨年は「坂本龍馬・幸福政治実現祈願《きがん》」をいただきまして、本当にありがとうございました。

坂本龍馬　礼儀《れいぎ》正しいなあ。

饗庭　とんでもないです。これをもとにして、われわれは、今回の参院選も、全力を尽《つ》くして頑張《がんば》っていきたいと思っております。

第一部からお話が出ておりますが、中国、はっきり言えば、中国共産党の脅威《きょうい》が、この日本を襲《おそ》おうとしているため、今、非常に幕末に近い状況《じょうきょう》かと考えております。

坂本龍馬　そうだな。うん、うん。

饗庭　先ほど、爆弾《ばくだん》のような、非常に斬新《ざんしん》な政策論をいただきました。

これを武器に今回の参院選を戦っていこうと、党首とも先ほど話をしていたのですが、例えば、参議院廃止論を唱えて、今回、仮に全員が〝討ち死に〟したとしたら……。

坂本龍馬　ははは！　わしの責任だ。

饗庭　いえいえ。それでは、何というか、やらなければいけない、幸福実現党の使命も、それから、幸福の科学の使命も果たせませんので、今回の参院選においては、何とか、木村党首をはじめとして、議席をきちんと獲得《かくとく》する戦いをやり遂《と》げたいと思っております。

そして、私どもでやれることとして、「幸福の科学ときちんと連携《れんけい》をして、伝道をしっかりと進めながら、基盤《きばん》をしっかりつくっていく」ということまでは、今、準備しておりますが、今年は『創造の法』の年でございますので、最大限、智慧《ちえ》を絞《しぼ》って、ありとあらゆることを、やっていかなければいけないと考えております。

そこで、はたして、ここが活字になるのかどうか分からないのですが、参院選の勝利に向けての戦略・戦術がございましたら、御教示《ごきょうじ》をいただければありがたいと思っております。

宗教からの政策提言は、政治家には「驚天動地《きょうてんどうち》」

坂本龍馬　うーん、うーん。でも、まあ、あんた、政治家になるよ。うん。必ずなるわ。参議院議員になるかどうか知らんけどな、政治家には、たぶんなるだろう、近いうちにな。うん。たぶんなるので、まあ、あきらめずに修行を続けるとええよ。

で、やはり、本体は宗教のほうであるので、政治は「宗教の理想の実現」の一部であるからな。

だから、悪いほうで有名にならないで、ええほうで有名になるように、しっかり暴《あば》れるのがええわ、政党としてな。ええほうで有名になったらいい。

宣伝部隊と思ったほうがええよ。政党と思わずに、まずは、まあ、広報宣伝部隊、広報宣伝の斬《き》り込《こ》み隊だと思ったほうがええと思う。

「宗教をなめんじゃねえよ」というとこだなあ。

政界は宗教をなめ切っとるとこがあってな、「宗教は集票マシーンであって、阿呆《あほ》がやっとる」と、「なんにも分からん人たちが数だけはいる。『鰯《いわし》の頭も信心から』で信仰《しんこう》して、何十万、何百万と集まってる」と考えていて、票としか見てないから、宗教を尊敬なんかしとらんよ。利用するだけだ。

利用するだけだから、まさか、宗教のほうから政策提言を受けて政治をやるなんて、考えてもいない。彼らから見たら、これは、ほんと「驚天動地《きょうてんどうち》」だよ。

「自分たちがプロであって、宗教なんていうのは、まあ、ただの票、頭数でしかない」と。ほんとは、民主主義なんか、ばかにし切ってるんだよ、政治家なんていうのは。そのとおりだよ。

だから、こちらから理論的なことの提示を受けるなんてのは、表情を変えず、ポーカーフェイスをつくるだけの力量があるうちはまだ賢《かしこ》いが、はなから笑って相手にしないのが普通《ふつう》だろうし、マスコミも、たぶんそうだろうと思うよ。

ただ、こちらが言ってることに先見性があるってことは、時代を超《こ》えて、しだいに実証されてくる。わしが言ってたことが正しかったというか、新時代を目指してたってことが、何十年かしたら明らかになってきたようにな。まあ、同時代の人は、そう簡単には分かってくれんもんだ。

だから、今、何人か出て、やっとるけれど、みんな、斬り死に覚悟《かくご》で順番に出ていっているので、まあ、あなたぐらいの世代で、ようやく、岸辺にたどり着けたらええほうだと、わしは思うよ。何とか潜《もぐ》り込《こ》めたらいいあたりだと思う。

でも、まずは、これは広報宣伝部隊なんだよ。だから、この幸福実現党っていうのは、宗教っていうものに対する、世の中の意識を改革して、「宗教っていうのは、本当に、神仏から出てる理念を実現するために、この世で活動してるんだ」と、「神仏の理念を実現する目的のために、実行部隊として、政治っていうのがあるんだ」と伝えなくちゃならん。

「坂本龍馬の霊言《れいげん》」とか出るけどもな、こんなの、「宗教だから、宗教家以外は霊言しない」と、普通は思うじゃないか。普通は、そう思う。

それが、今は政治家と分類されるかどうか知らんけども、武士か政治家か知らんけども、こんな、政治のことを言うのも降りてくる。まこと不思議なことであるけど、それは現代の学問の分類であって、こんなものは、どうでもええことだわな。

神様は、別に、宗教家っていう一種類の人間だけをつくったわけじゃないんであって、神様はオールマイティで全部を含《ふく》んでいるわけだから、この世の人間の活動には、全部、関係があるわけだ。経済だろうが、政治だろうが、科学だろうが、医学だろうが、神様に関係ないことなんて、なんにもありゃあしないのさ。だから、政治の使命は具体化だよな。宗教的理念は、宗教のままでは実現できないので、その理念を具体化し、この世の人間の営みを、正しい方向に導いていけるように具体化していく作業、その実践《じっせん》部隊が、やはり政治の仕事だよな。そういうことが政治の仕事かな。

そういう意味で、念が強くなきゃいけないし、この世の波風を受ける部分だとは思う。

評論家やマスコミも「国難」と言い始めた

ただ、今、広報宣伝部隊とも言ったけれども、政党ができることによって、国内に対してもそうだが、幸福の科学の世界戦略というか、世界伝道にとって、たぶん、大きなプラスになるだろうと思う。

外国に伝道するときに、やはり、ある程度、その外国の国における扱《あつか》いや信用度が違《ちが》ってくると思うので、「政党をつくる」っちゅうことは、その宗教の国際伝道においても、たぶん、そうとうプラスになるだろう。

それは、「ザ・リバティ」という雑誌が出て、ちょっとだけ信用が付いたように、あるいは、ラジオの放送（幸福の科学提供の「天使のモーニングコール」）があって、ちょっとだけ信用が付いたように、まあ、政党も、ちょこっと、ちっちゃいのができて、ちょっとだけ信用が付くぐらいのところから始まるとは思う。

でも、やがて、「ザ・リバティ」が日本一のクオリティ誌だと言われる時代が来るかもしれないのと同じように、この政党も、「すっごい、日本の頭脳集団だな」というふうに言われることだってあるかもしれないな。

少なくとも今はまだ助走期間なので、言ってることが現実からそうとう離《はな》れたことにしか聞こえないし、見えないという状態だろうけれども、まあ、だんだんに追いついてくる。知力において別に劣《おと》ってるわけではなくて、経験が足りないだけであるので、素人《しろうと》意見と思われているものが、実は先見性のある意見だったと人々が悟るのに、まあ、そう長い時間はかからないと、わしは思うな。

うーん、だから、そう長くはかからない。ま、五年、十年の間には、はっきり分かってくる。もうすでに分かってきつつあるかもしれないね。

去年、「国難」と言って、「国難選挙」として打って出たときには、非常に奇異《きい》で、「宗教が欲を出して選挙にまで出るのか」と言われてたのに、半年たったら、

「国難だ、国難だ」と、評論家やマスコミ人たちも言い始めてきてるので、それは、やはり、影響《えいきょう》は出てきてるということだな。これが、もっとはっきりしてくるわな。

大悪魔《だいあくま》になる素質が九十九パーセントの小沢一郎

鳩山《はとやま》さんみたいな人は、何をどうしたらええか分からないため、小沢の一存で決まってるんで、「小沢、はい、これ、悪魔《あくま》でございます」と、宗教家的に彼の頭にプスッと釘《くぎ》をもう刺《さ》したよ。［注1］これ、大悪魔だよな。これ、もう、大悪魔になる素質、九十九パーセントあるわな。

残りの一パーセント、それは、幸福の科学に帰依《きえ》することだ。それ以外にありませんね。帰依して、総本山・正心館《しょうしんかん》に行き、「過去清算の秘法」をお受けになられて、そのあと、精舎《しょうじゃ》修行をなされて、「御百度参《おひゃくどまい》り」でもして反省していた

だければ、救われる可能性はある。［注2］

しかし、今のままでしたら、ま、少なく見積もっても数百年は地獄《じごく》から出られませんね。ええ。悪魔になるであろうと推定されるな。

あの人が反省する姿なんか想像がつきません。地獄の猛火《もうか》に焼かれようとも、「なんで火事が続くんだ」と言って、「消防隊は何しとる。予算、削《けず》るぞ」とか地獄で言ってる姿を想像してくださいよ。牙《きば》を生やし、角《つの》を生やして、「この火を消せんのか。もう消防庁は要《い》らん。予算を削ってやる」とか豪語《ごうご》してるぐらいのことだよ。それが彼の未来さ。

そんなものに、この日本が、一時的であれ、支配されてるってことは、恥《は》ずかしいことだよ。それは国民にとっても恥ずかしいことだよ。こんなものに頼《たよ》らなければ国が運営できないということは、恥ずかしいことだよ。

だから、それを超える思想、理念を打ち出して、やはり、そういうものに頼らなくてもやっていけるところを見せなきゃいけない。

彼は「剛腕《ごうわん》」と言われているけれども、〝田舎兵法《いなかへいほう》〟さ、しょせん。やってること見たら、しょせん田舎兵法だよ。「すごいかなあと思ったら、ずっこける」という、この繰《く》り返しだよ、この二十年を見てたらな。これ、田舎兵法。田舎もんだ、これな。武将で言やあ、田舎の武将だ、ほんとな。だから、天下を取るような器《うつわ》ではないわ、はっきり言って。うん。

小沢は〝レプタリアン〟、鳩山《はとやま》は〝グレイ〟

さっきも宇宙人の話をしたけど、これは、まあ、言ってみればレプタリアンだよ。まあ、これは爬虫類型《はちゅうるいがた》宇宙人が人間の顔をして出てきたような存在だよ。だから、心のなかは残忍《ざんにん》な思いでいっぱいさ。

だから、人間なんか、みんな餌《えさ》にしか見えてないと思うよ。「あれも食ってやろ。これも食ってやろ」と思って、人を食って生きているんだよ、これな。そういうふうにしか見えてない。人なんか、みんな、そら、自分の餌にしか思ってないと思うな。人の幸福なんて考えていないよ。それは権力の満足のことしか考えてないと思うな。

これに日本が牛耳《ぎゅうじ》られる時間が長きゃ長いほど、国民の汚染度《おせんど》は進むと思わなきゃいけないね。

だから、ま、小沢をレプタリアンだと思えば、鳩山《はとやま》はグレイだと思ったらいいよ（会場笑）。アーモンド型の目をした、表情のない、あの宇宙人さ。あれがグレイで、こっちがレプタリアンだと思ったら、だいたい、大きくは、はずれてないよ。

だから、日本を乗っ取られないようにしなきゃいけないと思うな。しっかり、しっかり、それをやらないかん。

あれは、やはり、今んとこ悪人だ。はっきり言って悪人なので、どんなに低く見積もっても、四、五百年は地獄から出られないはずだ。

だから、生きてるうちに反省させてやりたいが、そういう宗教的反省の境地に入るためには、やはり、この世で惨《みじ》めに敗北したほうがいいと思う。人間は、惨めに敗北して、初めて宗教心が出てくるんだ。反省を強《し》いられるようになるんだね。

小沢は第二の闇《やみ》将軍になろうとしているんでしょうけども、反省していただくつもりだ。われらは、そのつもりでおります。これには、この国は任せません。菅直人《かんなおと》にだって尻尾《しっぽ》が付いている。この尻尾は、矢印が付いてる尻尾だ。だから、そういうものが入っている。明らかに入ってる。われらから見りゃあね。

だから、天使になんか、なれないよ、こういう人たちは。大嘘《おおうそ》つきだよ。みんな大嘘つきで、ほんと、悪いことばかり考えてるよ。考えてることは、悪いことばかりだ。頭のなかで、腹黒い、悪いことばかり考えてる。「口先一つで、全部、世の中を渡《わた》っていける。人を騙《だま》せる」と思ってる連中ばかりだ。腹を開けてみたら真っ黒だよ。

こういう人たちに、しっかりと反省してもらわないといけないな。で、人間としての尊厳を取り戻《もど》してもらわないといけない。しかも、下にいる人たちに対する悪影響が大きすぎる。なあ。そういうところがあると思うな。

だから、ちょっと、小沢なんかの、このマキャベリズム的な動き、これは、やはり一喝《いっかつ》しなきゃいかん。やはり、言論にて批判をキチッとしなきゃいけない。向こうが宗教に対して言ってくるのは、「弾圧するぞ」とか、「政治活動をやってる宗教に税金をかけるぞ」とか、まあ、その程度の恫喝《どうかつ》だろうと思うけれども、それに対しては、やはり、ちゃんと〝一向一揆《いっこういっき》〟として戦わなければいけないと思う。まあ、そうすると、それなりにまた宣伝になって、いいかもしれないね。

検察は内閣支持率が落ちてくるのを待っていた

饗庭　八九年に『悪霊撃退法《あくれいげきたいほう》』［注3］という本が出たとき、龍馬先生から一章分のご教示をいただきました。そのなかで、八九年段階で四年後の自民党政権の崩壊《ほうかい》を見事に的中されておられ、私どもは本当に驚《おどろ》いたのです。

昨年の夏の総選挙で、民主党が三百八議席を取りましたが、民主党政権が四年間続いて、どんどん日本が悪くなっていく方向に行くのか、いろいろな事件が起き、それこそ宇宙人がやってきたりして……。

坂本龍馬　ははは！

饗庭　政権が瓦解《がかい》する方向で行くのか、その辺の読みは、どのように……。

坂本龍馬　おそらく次の連立相手を探してるとは思うよ。まあ、自民党の分裂《ぶんれつ》も考えてると思うけれども、それが駄目《だめ》で、次の参院選で勝てず、単独過半数が獲得《かくとく》できなかった場合は、公明をまた引きずり込むかもしれないね。

それから、鳩山なんかは、意外に、あれなんだよ、まあ、無節操な男であるので、「幸福実現党なんか、コロッと宗旨《しゅうし》替《が》えをして、政権に入ってきたりしないかな」とか考えてるほうだよ。社民党なんかよりは扱いやすいと見ているとは思うので。

饗庭　政策を……。

坂本龍馬　パクッてきてるから。民主党のなかに、こちらのシンパも、まあ、いることはいるので。

幸福実現党が議席を取ったら、意外に、社民党と入れ替えて、「こっちに入らないか」とか、節操なく、平気で言ってくるぐらいのことは、たぶんあるだろうね。

ま、そういうところがあるし、今の自民党が、まあ、かわいそうな人をまた総裁にしてしまって、人気が出ないでしょうねえ、ほんとに。

で、小沢による自民党殲滅《せんめつ》作戦が、いよいよ始まるんだそうだけども、ただ、まあ、嫌《きら》われ者は嫌われ者だから。嫌われ者は天下を取れないよ。

マスコミのほうも、「鳩山ぐらいの人物でも、自民党の一年交代の首相と同様に、政権発足《ほっそく》から一年ぐらいはもたせないと、この国の首相をやる人がいない」という計算はしてるので、内閣支持率について、一定の、落としていく率を読んではいると思うよ。
だから、参院選のあたりでどうするか、やはり判断が出るとは思いますが、でも、次の姿が見えないと判断し切れないだろうね。「単独でやれるようにするのか。ほかに連立する相手をつくるのか」という判断だろうね。
ま、わしの読みからすると、そうだねえ、うーん、でも、民主党の大物が逮捕《たいほ》されるんじゃないかねえ。何か、そんな感じするけどなあ。

饗庭　「任意で事情聴取《ちょうしゅ》をされる」という報道もありました。

坂本龍馬　うーん、逮捕されるんじゃないかなあ。
検察は内閣支持率が下がってくるのを待ってたようではあるので、七十パーセントも六十パーセントもあると、ちょっとできないけど、五十パーセントを割ってき始めたので、もうちょっとだね。三十パーセントを切ると、内閣が崩壊するまでの時間が計算できるようになるんだよね。今、四十パーセント台ぐらいになってきつつあるので、そろそろ勝負に出るころかなと思うね。

で、あちらから見たら、予算と人事権で権力をちらつかせて、「おまえら、殲滅するぞ」と言って脅《おど》してるだろうとは思うけど、まあ、そういうのを見ると燃えてくるのが検察なので。

ま、検察も、実は、不況に責任はあるんだけどねえ。ホリエモンをはじめ、リクルートの江副《えぞえ》だとか、まあ、資本主義の精神みたいな人をいっぱい捕《つか》まえて、いつも景気を潰すようなこと、景気が腰折《こしお》れするようなことをやってきたのでね、まあ、だから、ほんと責任はあると思うんだが、〝これ〟を逮捕するなら、正しい方向だと私は思うよ。

マスコミに浸透《しんとう》しつつある、幸福実現党無視への罪悪感

ただ、それは、その後《ご》の政界の地勢図をすぐにつくれるところまでは、まだ行かないとは思うけれども、まあ、みんなが読んでる。マスコミも読んでる。

保守の言論人のなかには、「やはり、幸福実現党は、まもなく本領を発揮して、もうちょっと頑張ってくれるんじゃないか」と思ってる人は、かなりいると思うんだよ。「ほかに頼りになるところが今んとこないので、何とか頑張ってくれるんじゃないか」と。

ほかのところは、医師会だの、看護協会だの、栄養士会だの言うたって、政治力がそんなにあるとは思えないけど、ここは、本気でやれる可能性があるので、たぶん、期待をしてるところも一部にあると思うね。

その辺がうまく相乗効果を現せば、ま、意外に快進撃できる可能性もあるとは

思う。

いずれにしても、最終的には、今の政治は、まあ、〝空気〟で動くので、そうした、政界のいろんな不祥事《ふしょうじ》の始末の問題と、今後のビジョンの描《えが》き方、この辺のところが、やはり空気で動いてくるんだね。

で、去年、幸福実現党が立党して、三百何十人も立てて戦ったのに、まあ、一議席も取れずに全員が落選したけど、マスコミのほうには、幸福実現党を無視してきたことについての罪悪感が、実は、じわじわと浸透《しんとう》してきてるんだよ。

「もし、三百何十人も立候補したうち、全部とは言わないが、少なくとも幸福実現党が十でも二十でも取っていたら、やはり、もう一段、違った発言ができたり、正当な批判ができたりしたんではないか」と考えて、「少しぐらいの政治勢力を与《あた》えてやったほうがよかったんではないか」っていう反省が、今、ちょっと始まっているところだ。

「政権まで任してええかどうか」っていうことに対しては、まだ自信が持てないではいるけれども、「少なくとも、変てこりんな、ちっちゃな野党よりは、信用できるんではないか」というふうなことは思ってるね。

だから、その時間的な読みは彼らにもできてはいないんだけども、「政治活動をずっと続けるなら、まあ、いつかは分からないが、五年以内か十年以内か、はっきりはしないけれども、いずれ、一定の勢力を持って、公明党の衰退《すいたい》と入れ替わるように出てくるであろう」とは思ってるだろう。

それが、連立のかたちでの権力行使になるのか、あるいは、単独で行くところまで行くのか、それは、まだ彼らにも判断ができないところだ。

ただ、「志は大きいなあ」というのは感じていると思う。

「何らかの逮捕劇《たいほげき》」と「外国からの屈辱《くつじょく》」が転換点《てんかんてん》になる？

で、世界でも活動を開始し始めて、世界の人に知られてき始めたら、それを報道しないでいることに対する罪悪感が、さらに加速してきて、「『フェアでない』という批判が起きてくるんじゃないか」ということを恐《おそ》れる時期があるんだ。ティッピングポイントっちゅうかねえ、何か、そういう、物事が全部、引っ繰《く》り返るところがあるんだ。

それは、もうそんなに先ではないような気がする。場合によっては、今年、やはり、ほんとに今年中に、その場をつくれる可能性がかなり高い。

何がきっかけになってそうなるかは、今の時点では、はっきりとは申し上げられないが、おそらく、民主党関係者の何らかの逮捕劇《たいほげき》と、外国からの屈辱《くつじょく》みたいなものだろうかね。

外国からの屈辱みたいなものが来た場合や、ほんとに、日米関係の亀裂《きれつ》が、もう修復しがたいようになった場合で、「民主党や自民党には、もう頼り切れない」というふうな感じになったときに、やはり、「幸福実現党に一定の議席を与えとかないと、これは危ないんじゃないか」ということになるだろうね。

彼らだって、ばかじゃないので、そういうことを感じ始める時期が来て、そう感じたら、ボツボツと取り上げてき始めて、一定の数、議席の予測もするのでね。「このぐらい議席を与えようか」ということまで予測するんだ。彼らには、「この程度、報道したら、このぐらい議席を取る」っていうのが分かるんだよ。

視聴率と一緒《いっしょ》で、「この程度の報道をしたら、この程度の議席を取る」っていうのは、彼らには、もう分かっているので、その調整が始まる可能性はあると思うね。

だから、まあ、霊界を信じてる人がどれだけいるかは知らんけれども、坂本龍馬が応援《おうえん》してるだとか、吉田松陰《よしだしょういん》が応援してるだとか、こういうのが、じわじわと感じられてきて、「新しい潮流が、もしかしたら、こちらのほうに行くのかな」と思ったら、それに乗り遅《おく》れると、マスコミとしては、それは大きな失策、大失策に当たるので、その潮流を、今、じっと見てる。観潮船《かんちょうせん》で見てるように、じっと見てるところだと思うね。

ただ、去年、敗戦しても、人材を組み替えて、また戦ってくるのを見て、幸福の科学の人材の厚さは感じてはいると思うね。

あと、これに馳《は》せ参じてくる人が、どの程度、出てくるかというところが、やはり判断基準かな。

ま、Ａさんあたりが来るぐらいだけでは、まだ、ちょっと、思想的な力は弱いとは思うんだが、本格派の人たちが応援し始めたら、やはり、道が見えてくると思うな。

不沈戦艦《ふちんせんかん》のようなイメージがある幸福実現党

あんた、大臣ぐらいにならなら、なるぜ。将来、絶対になる。信じたほうがいいよ。まあ、総理大臣とまでは、まだ言えない。申し訳ないが、幸福実現党がゼロ議席なので、まだ言えないけど、大臣ぐらいにまで、たぶん、なるぜ。

ただ、それは、自分のためにそうなろうとは思わないでな、「教団が日本に根を張り、世界に大伝道をするために、やはり一定の力を持たなきゃいけない」というふうに思ったほうがいいよ。

時代は確実に来てるし、若い人たちは優秀《ゆうしゅう》だよ。今の二十代の人たちで、政治家を目指してる人たちは、いっぱいいるけど、これは優秀だ。これが、だんだんに上がってくる、次にね。これが上がってくるときは、もう、続々、当選者が出て、大臣がいっぱい出て、政権を取ることが狙《ねら》えるな。

少なくとも最初は連立政権が始まる。間違いなくね。連立政権のなかに入る。その連立政権のなかに入るには、やはり一定の数は必要で、二十、三十っていう数は確保しないと、連立するに値《あたい》しないと、わしは思うね。

五人以下では、残念ながら、いつ消えるか分からないけど、二十、三十っていうのは最低の数であって、法案を出せるようになるには、衆議院で二十は要るんだろう？　その程度まで押《お》し上げていく力を得るのが、これから、五年、十年の戦いだな。

ただ、やはり、世の中の人は、全部が悪人ではないし、全部がばかでもないので、まあ、今んとこ、やってることを、じっと見て検証はしてると思う。

私がマスコミだったらね、去年、あれだけの敗戦をして、普通は、宗教的にも、潰れてしまうぐらいのダメージを受けるはずなのに、そのあと、まだ平気で浮かんでる感じ、まあ、不沈戦艦《ふちんせんかん》っていう感じだろうか。「あれだけ被弾《ひだん》して、まだ沈《しず》まないんですか」という感じだね。戦艦三笠《みかさ》みたいに、いっぱい被弾しても、撃って撃って撃ち続ける雰囲気《ふんいき》が漂《ただよ》っているので……。

饗庭　総裁先生をはじめ、実現党の指導霊団のおかげでございます。

坂本龍馬　ええ、だから、「〝バルチック艦隊〟を破るかも」っていう感じが、ちょっとしてるのが、今の状況だ。

幸福の科学は、教団の利害を超《こ》えて正義のために発言する

饗庭　実際、大手メディアの上層部の方と、最近、会う機会がずいぶん増えていて、今度、私も、先ほど「エッチな記事が載っている」と言われた「○○紙」で連載をさせていただく予定です。

坂本龍馬　エッチってことは、ええことだよ。なあ。

饗庭　ええ（笑）。その方は、「夏に、あなたたちが、あれだけ訴《うった》えていたとおりの日本に、確実になった」と言っています。

坂本龍馬　そうだ。そうだ。そうなんだ。
だから、うちは、結果が分かることについて言っているので、判定されることを知っているんだ。結果が分かることについて訴えかけて、その判定がなされることを知っていて、それでも言っている。なぜ言ってるか。
それは、ほんとに、あの時点では、勝ち負けに関係ないというか、むしろ、選挙においては、立候補者たちが落ちるかもしれない政策だったと思う、はっきり言って。落ちるかもしれない政策だけど、「言っておかなければいけない」と思うことを言っていたわけだ。

国民は、そんなにずっと賢くはないけども、うちが、いろいろ言っておいて、「こういうものは、言ってた人がいた」ということがあれば、半年、一年たったら、やがて、「ああ、こういう考え方があったんだ」と、「こういう道がまだあるんだ」ということが分かってくる。

「選択《せんたく》の余地があるんですよ」と、「新しい選択があるんですよ」と、「民主党は駄目でも、次の選択があるんですよ」ということを、去年の夏に、すでに言ってたわけだ。

向こうは「政権交代」って言ってる。うちは、政権交代の次の話を、もう、ほんとはしてるんだ。「第三の道、新しい選択があるんですよ」と、「無血革命の次に、はい、幸福維新があるんですよ」と、もう、ずっと先の話を、実は言ってるんだ。うん。

だから、先の見える者が、「あえて、負ける戦いにも挑《いど》む」っていうのはね、やはり、「それだけの責任がある」ということだよな。

うちにとっては、あれはまだ〝関ヶ原《せきがはら》〟ではないんだよ。実は関ヶ原じゃないんだ。まだ、ちょっとした先遣隊《せんけんたい》を送って、相手の戦力がどの程度か探《さぐ》ってるぐらいの戦いではあったんだ。

あれだけの戦いをしようとしたら、普通は、ものすごい準備を長くやらなきゃいけないのを、三カ月ぐらいでやってるわけでしょ？　で、それが終わったあと、映画を上映したり、学園を開設したり、国際伝道を華《はな》やかにやったりして、まあ、「力が、えらく余ってますね」っていうふうには見えていると思うし、でも、ある意味では、頼りにされてると思う。

あの公明党が、今、引いていこうとしているときに、こちらは拡張しようとしていて、それで、「政治も、まだ一部門にすぎないらしい」ということなので、潜在的《せんざいてき》な力としては、そうとうなものを感じていると思うね。

ですから、あと数年たって、大川隆法総裁が六十ぐらいになったときには、だいたい、日本の権威として、たぶん固まってくるので、それまでの間に、実体の部分が、じわじわとできてくると思う。「宗教においては一定の実績があるけど、政治は、どうなのかなあ」ということで、まだ、そこまで信用が付いてきてないんだと思うけど、しばらくしたら、そうなってくると思うよ。

まあ、今年は、日米問題が、いちばん大きな問題になると思うし、実は、幸福の科学が批判を加えることで、検察等だって、自信を持って動けるところはあるんだよ。「ザ・リバティ」が「やりなさい」と言ってくれれば、「そうか。やってもいいのか」ということになるんだ。

オウムのときでも、そうだったんでしょ？　「オウム教を捜査《そうさ》しなさい」と宗教が言ってくれたので、警察のほうも安心して捜査に入ったよね。世論《せろん》が怖《こわ》くて、なかなか動けなかったけど、宗教が言ったことで、やれたんだ。オウムからは、幸福の科学は敵にされたけども。

幸福の科学って、そういうところがあり、自分たちの利害を超《こ》えて、正義のために言う団体であるので、そういう一定の信頼感は、やはりあると思うんだよね。だから、そのつもりでやればいい。

日本のために、「国家改造」をしっかり訴《うった》えよ

でも、今年、何かきっかけは必ず来るし、参議院選に立候補して、「参議院を廃止せよ」なんて言うのは、まさしく、首吊《つ》り運動みたいなもんだから、これを平気で言うっていうところが、やはり、すごいといえば、すごいからね。

饗庭　チャンスを捉《とら》えて、訴《うった》え続けていきます。

坂本龍馬　ええ、「われらは、そんなものを恐れてはいないのであって、日本の国のためになるんでしたら、かまいません」というところだね。

まあ、そういうことだし、いや、「国家改造」を、しっかり訴えようよ。

民主党が国家運営をやってみせたけど、やはり大したことがないのは、もう見えてきたね。結局、「ああ、あれ駄目だ」と、こちらが言ってたとおりだったね。「民主党に国家経営はできない」という判断をしていたので、そのとおりだね。

松下さんの霊言も出るんでしょう？　インパクトは大きいと思いますよ。本当は、政治顧問《こもん》になってほしいし、財務大臣をやってほしいぐらいの人だろうから、それは、ありがたいことだよね。

そういうことなので、坂本龍馬は、実際の政治はできないかもしらんけれども、面白《おもしろ》いことを言うことはできるということやな。

わしの予言では、あんた、大臣にはなるぜ。

まあ、そのぐらいになってもらわんかったら、あと、若いもんたちには希望がないからな。うん。

ほか、何かあるか?

[注1]「『坂本龍馬・幸福政治実現祈願』講義」のなかで、小沢氏について、「あの悪相から見ると、そう簡単に成仏《じょうぶつ》できるとは思えないので、早く改心されることを願いたい」と言及《げんきゅう》している。

[注2]「過去清算の秘法―特別灌頂《かんじょう》―」は、仏の偉大《いだい》なる「罪を許す力」によ

って、過去の罪を清算するための儀式。「子孫繁栄《はんえい》御百度参り祈願」は、子孫の繁栄を願うことを通じて、幸福な家庭やユートピア社会の実現を目指す祈願であり、全国の精舎を巡《めぐ》って祈願を百回重ねることで満行《まんぎょう》となる。

［注3］現在は『大川隆法霊言全集　第43巻』（宗教法人幸福の科学刊）として刊行。

5　幸福実現党が「維新《いしん》の回天」を成すには

饗庭　あと一つ、お伺《うかが》いいたします。

龍馬先生は、これも新たな〝発明〟である「薩長《さっちょう》同盟」を築かれ、それによって幕府を転覆《てんぷく》させ、「維新《いしん》の回天」を成されました。

今、民主党には、あれだけの議席がありますので、これを攻撃《こうげき》していくに当たって、われわれが組むべき相手というか……。

坂本龍馬　ああ、もう分かってる。

〔以下、一部省略〕

「政教分離《ぶんり》」より「祭政一致《いっち》」のほうが遙《はる》かに強い

坂本龍馬　やはり、少なくとも、「教団の力が、どの程度あるか」っていうことが大事だ。最終的な担保は、ここにあるんで、そういう意味では、幸福の科学という教団自体が、ますます発展・繁栄《はんえい》していき、また、世界に出ていくという、強い強い力を見せていく必要があるよね。

それと同時に、政党にも、同じように信用力が付いてくるので、「政党を続けていくことができる」というんであれば、「それなら、〝押《お》っ取《と》り刀《がたな》〟で、やはり参加しようかなあ」という人は出てくると思う。

それから、独自メディア等で宣伝などは一生懸命《いっしょうけんめい》やり続けたほうがいいと思う。「みんなの党だ」「国民新党だ」と言うたって、金なんか集まりゃしない。続きやしませんよ。全然、続かないよ。

こちらの宗教は創価学会より強いんだよ。あそこは「政教分離《ぶんり》」を認めてるけど、ここは認めてないもん。ここは、「祭政一致《いっち》」「政治は神様のものです。神様のものは神様へお返しください」と言ってるんだから、まあ、こっちのほうが遥《はる》かに強いんだ。

政治と宗教を分けたのは誰《だれ》ですか。誰の権威《けんい》によって、それを分けたんだ。そんな偉《えら》い人がいたんか。「政治と宗教は水と油であり、一緒《いっしょ》になってはいけない」と言って、政治と宗教とを絶対的に分けられるほど権威のある偉い人が、歴史上、本当に、この世に存在したんか。

ただの凡人《ぼんじん》ではないかもしらんけど、まあ、たかが秀才《しゅうさい》程度の人だろう。その程度の人、まあ、たかが本を一冊か二冊書いたぐらいの思想家でしょう。それが言ったぐらいの言葉が、そうなってるだけだろう。

だから、「神様のものは神様に返しなさい」ということだね。

イエスは、お金については、「カエサルのものはカエサルへ」と言ったのかね。で、「神のものは神へ」と言った。

幸福の科学は違《ちが》うな。お金も神様のもんだ。お金も神様のもんだし、富も神様のもの。政治も神様のもの。軍事も神様のもの。みんな神様のもんなんだ。神様には抜《ぬ》け道はない。オールマイティなんだ。だから、「全地球に責任を持つ」と言ってるんで、これでこそ「エル・カンターレ文明」だ。なあ。抜け道なんかありゃせん。

幸福の科学から逃《のが》れる道なんか、地球人類にあるわけがない。宇宙に脱出《だっしゅつ》することさえ許されません（笑）。やはり、ちゃんと幸福の科学の宇宙船に乗っていかないかぎりは行けません。その許認可権限も指導霊団《しどうれいだん》が持っている。

ですから、未来は限りなく大きい。限りなく大きい。

あなたがたは、まだ試金石だ。

リンカンにもオバマにも選挙で落ちた経験がある

ただ、明治維新で死んだ人たちも、百数十年後、日本がここまで立派な近代国になったのを見たら、〝死にがい〟があったと思うな。

あなたがたは、死ぬところまで、そう簡単には行かないかもしれないけども、ま、〝落ちがい〟はある。落ちても落ちても、まあ、そりゃあ、落ちがいがある。命を取られるわけじゃないので、どうってことはないよ。不屈《ふくつ》の精神を鍛《きた》えられるだけだね。

まあ、偉い人は、みんな、よく落ちるんだよな。

リンカンだって、いっぱい落ちとんだろ？　最後に当選して大統領だろ？　だから、どれほどアメリカ国民に見る目がないか、これを見たら、よく分かるよな。

オバマさんだって、国会議員の選挙で、一度、落ちてるんだろ？　そして、初めて当選して、次に大統領になっちゃったんだろ？阿呆《あほ》だわなあ、アメリカの国民は。

民主主義ってのは、基本的には〝阿呆の祭り〟なんだよ、君。それは分かってるんだよ。だから、まあ、見る目なんかないんだよ。

ただ、失敗したら反省が働くようにはなってるんだ。「自分たちが不幸になる方向になった」と見たら、逆に舵《かじ》を切るんだな。これは、ええとこだな。この修復機能がええとこで、船が傾《かたむ》いたら元へ戻《もど》る。それが民主主義のええとこじゃ。

だけど、最初から全部を見通せるような賢《かしこ》い人は、民主主義の政治のなかでは、あまりいないんだよ。凡人の集まりなんだ、基本的には。

ただ、「凡人たちでも、『自分たちが、害を及《およ》ぼされるか、幸福になれるか』ということについては、まあ、本能的に判断できるのではないか」というのが、民主主義の理論的根拠《こんきょ》なんだな。長い目で見たら判断ができる。

徳川幕府は「財政逼迫《ひっぱく》」と「黒船」で国民に見放された

徳川幕府で我慢《がまん》できるなら維新は起きなかったけど、我慢できないところまで来たんで、維新が起きた。我慢できなかった理由は、最後は、いったい何か。

財政も逼迫《ひっぱく》してたけど、最後は外国船だったわけだな。黒船だよ。「外国に占《せん》領《りょう》されて植民地にされる」っていうことには我慢できなかったんだよ。「幕府では、この日本が守り切れない」というのが国民の世論だったんだ。

マスコミが今みたいに発達してない時代でさえ、口伝えで、日本全国に伝わって、「黒船の蒸気船が来て、大砲《たいほう》を構えて、ボンボンと品川沖《おき》で撃ったらしい」と、「向こうは、鉄道を持ってきて、デモンストレーションしたらしい」と、「とても敵《かな》わんらしい」と言われ、その恐怖《きょうふ》はすごかったな。

だから、勝海舟《かつかいしゅう》とかも、海軍力を付けようとして、幕府の海軍をつくろうとし、幕府に反対してる人たちまで引きずり込《こ》んで、海軍の操練場をつくってたんだろ？　次の時代を見てたからね。

「幕府は、どうせ、もう潰《つぶ》れるさ。そのときに必要なのは海軍力だ。海軍力で国を守らなきゃいけないから、もう、浪人《ろうにん》だとか、脱藩者《だっぱんしゃ》だとか、よその藩の人だとか、打倒《だとう》幕府をやってる人だとかいうことは関係ない。みんな日本人だ。幕府なんか、すぐなくなる」

まあ、そういう考えの人だったよな。だから、偉いと思うよな。そう、偉いと思う。

だから、おんなじなんだ。民主主義も、まあ、ちょっと、ばかの集まりではあるんだけども、ただ、自分に害を及ぼすものについては、何年かの間、あるいは何十年かの間には、必ず分かることになっている。

だから、江戸《えど》の末期においても、黒船が来て、日本を脅《おど》し、開国を迫《せま》ったときに、「この国は危ない」ってことは、みんな、ばかでも分かったんだよ。田舎《いなか》のおっさん、おばさんまで、「これは危ない」と。

で、隣《となり》の清国《シン》は、もうやられてた。列強に攻め取られ、植民地化された。「眠《ねむ》れる獅子《しし》」と言われてた中国が、アヘン戦争の結果、植民地化された。次は日本だな。ばかでも分かったんだよ。何とかしなきゃいけない。

幕府も、一生懸命、改革をしようとしたけども、幕府の改革者たちは、自分を変えようとしてはいたんだが、それよりも、むしろ、内部の粛清《しゅくせい》・弾圧《だんあつ》、国内の治安のほうに力を入れていて、本当の意味での国防のほうに向いてはいなかったな。

それで、「これは駄目《だめ》だ」と見限った、賢い人たちが、「幕府を倒さなきゃ駄目だ」ということで、「開国もまた必要だ」というふうに判断して、ああなったわけだ。

だから、今、あなたがたは、そういう立場にあるわけだ。「この〝幕府〟は駄目だ」と。「マスコミも駄目だ」と。残念だけど、マスコミも、ばかに毛が生えたぐらいにしか行《い》ってないということで、われわれは、先見性のあることを言ってるんだよ。未来が見えているので、やはり、そちらのほうに人は寄ってくるはずだ。

だから、それは信じたほうがいい。

去年は、宗教としては、非常にリスクのあることをやったと思う。だけど、「そのリスクのあることを、あえてやれるだけの体力もあった」ということには、やはり感謝すべきだな。

ただ、われわれは、あきらめてないよ。われわれは仕事を始めたとこだ。

まあ、百四十年ぐらいたったかなあ。もう百四十年……百五十年か？　百五十年ぐらいたったか？　ちょっと退屈してきたからなあ。

まあ、そろそろ、やりたいな、何か。国興《おこ》しをして、敗戦の痛手から立ち直って、もう一発、世界に冠《かん》たる宇宙戦艦《せんかん》ヤマトを発進させたいなあ。わしの希望だ。頑張《がんば》れや。

饗庭　ありがとうございます。

坂本龍馬　じゃあ、最後、美人さん、行こうか。

6　なぜ幸福実現党の応援《おうえん》団長をしているのか

滝口　龍馬先生、きょうは、長時間にわたり、勇気溢《あふ》れるお話をいただき、本当にありがとうございます。私は幸福の科学出版の滝口と申します。

坂本龍馬　ああ。

滝口　私からは、二点、質問させていただきます。

先ほど、「祭政一致《いっち》」というお話がございましたが、まだ弟子《でし》は未熟ですけれども、幸福の科学と幸福実現党は一体となって、主《しゅ》の下《もと》で、日本のため、世界のため、活動させていただいております。私たちは、主を信じ、主と共に駆《か》け抜《ぬ》けていきたいと思います。

そして、「龍馬先生が天上界《てんじょうかい》で幸福実現党の応援《おうえん》団長をしてくださっている」ということを、本当にうれしく思います。

龍馬先生におかれましては、主エル・カンターレと深いご縁《えん》があるのではないかと思いますが、ぜひ、その点についてお教えください。

坂本龍馬の魂《たましい》の役割

坂本龍馬　おっとっとっと……（会場笑）。それは禁断《きんだん》の質問かもしれんなあ（会場笑）。

滝口　そうでしょうか。

坂本龍馬　ああ。

滝口　はい。主エル・カンターレと、どのような仏縁《ぶつえん》がおありでしょうか。

坂本龍馬　あんた、わしに、それ言わすのかあ。うん。わしに、それを言わすかあ。まあ、言わんでもないがなあ。

まあ、大川隆法っちゅう人は〝何でも屋〟だよ。宗教もやれば、芸術もやりゃあ、軍事も政治も何でもやるのさ、この人は。本当に、人類の発展のためなら何でもやる人なんだよ。

だから、わしらも、この人の〝持《も》ち駒《ごま》〟の一つさ。役割的に言やあ、〝戦車一台〟だな。そんなもんだと思うよ。わしらはな。

一人ひとりが戦車一台さ、戦争で言やあな。悪魔《あくま》の軍隊と戦うための戦車の一台さ。坂本龍馬なんて、まあ、その程度だよ。戦車一台。

ただ、素手《すで》で戦うよりは、ましだぜ。素手や竹槍《たけやり》で戦うよりは、武器は立派だ。戦車一台分ぐらいだけども、戦車を持ってない相手から見りゃあ、それは強い武器だしな。

だから、わしが、いつも戦っているのは悪魔の軍隊だよ。悪魔の軍隊と、いつも戦っている。

時代の境目に、新しい国づくり、建国のときに、いつも地上に出ている。だいたい、建国のときに出て戦う役だ。

戦って、だいたい殺されるか（笑）、ろくでもない死に方をするのが、ほとんどなんで（笑）、まあ、あんまり、ええ役ではないんだけども、こっちも人を殺すことがある以上、殺されるのは、やむをえないと、いつも思っておる。

そういう意味で、わしらが出てくるときは革命のときだ。それは間違《まちが》いない。

だから、何っちゅうかなあ、「仏教護持《ごじ》」というか。まあ、仏教だったら、戦う坊《ぼう》さんがいるのは少林寺《しょうりんじ》ぐらいだろう。少林寺の坊さんは棒を持って戦うけどな。あと、空手《からて》でも戦うけど、まあ、戦う坊さんの数は少ない。やはり、坊さんには、そこまでの力はないので、武器を持って戦う人が要《い》るんだな。

まあ、「外護《げご》」が、われわれの仕事だ。教団を外護する仕事だな。非常に大事な仕事だ。

だから、「仏縁があるか、ないか」と言ったら、長い歴史だから、いろんなことがある。

新しい時代をつくるように命令が出てるのは、ほとんど、この方からなんだよ。ここあたりから出てて、その実行部隊が、われわれなんだな。

だから、われわれから見りゃあ、ずっと上なので、わしは、直接、お伺《うかが》いして、ご指導を受けるほどの立場ではないんだ。
なかに、もう一段階ぐらい入っていて、その段階にいる人あたりが、大隊長から
らの命令を直接に受けているぐらいのランクではある。
でも、わしは、革命のとき、あるいは、文明を新しく変えるときには、必要と
されている者の一人である。
例えば、「項羽《こうう》と劉邦《りゅうほう》が戦うときに、どっちが正しいか」「三国志のときに、ど
れが正しいか」を判断するのは、そりゃあ、難しいよな。難しい、難しい。明治
維新《いしん》のときだって、「幕府と薩長《さっちょう》と、どっちが正しいか」を判断するのは難しい
ことだよ。
でも、「天上界で、それを計画している人がいる」ということだ。この方は、
そういう計画書、青写真をつくっている人だな。
私たちは、その設計図に則《のっと》って行動しているんであって、まあ、いわば、戦車

一台分の仕事しかやってはいない。「わしらを使っておる人もまたいる」ということだな。ま、そういう関係だ。

長い歴史のなかでは、文明の変革期には、いつも地上に出てるよ。だけど、世界史のなかでは名前の知られてないことが多いからねえ。名前は遺《のこ》っていないから、分からないかもしれないけれども、ちゃんと、文明の変革期には仕事をやってるし、悪魔が地上を支配した場合には、必ず戦うことを仕事にしているな。

主エル・カンターレは「太陽のような存在」

滝口　龍馬先生にとって、主エル・カンターレとは、どのようなご存在なのでしょうか。

坂本龍馬　そうだなあ。わしにとっては、「おりょうさんは、どういう存在だったんでしょうか」とか、「大川隆法先生は、滝口さんにとっては、どんな存在なんでしょうか」という質問を言い換《か》えてるような、こそばゆい質問だなあ。

まあ、男同士だから、そらあ（会場笑）、あんまり変な言葉は使いたあないからな。

男同士だから、「愛してます」とか、「好きです」とか言ったら、それは気持ち悪いから、そう言うわけにはいかん。

女なら言ってもええが、そういう言葉を使うわけにはいかんので、あえて言やあ、どうだろか、やはり、「太陽みたいな存在」なんじゃないかねえ。わしはそう思うな。

太陽は必要だよ。太陽は必要だけど、感謝してる人はいないな。ほとんどの人が忘れてる。当たり前のように東から上がって、当たり前のように西に沈《しず》んでる。毎日毎日、それを繰《く》り返してる。

毎日毎日、太陽が出なかったら、ほんとは困るんだ。農作業から何から、できないんだよ。

だから、太陽みたいな存在だよ。毎日毎日、照らしてるけれども、感謝はされてない。みんなは忘れているな。まあ、そういう存在だと思うな。

女性を愛するように愛してるわけではないけれども、「太陽がありがたい」と思うぐらいの気持ちで見ているというとこかな。うん。

7　〝眠《ねむ》れる志士〟たちへのメッセージ

滝口　最後に、一つだけ、お訊《き》きしたいと思います。

龍馬先生の時代には、日本を変えるために、多くの若者が日本に生まれ、立ち上がりましたが、私たちは、今、明治維新《いしん》よりも、さらにスケールを大きくした、「幸福維新」を起こそうとしています。ですから、現代にも、数多く、使命ある志士たちが生まれていると思います。

そこで、まだ使命に目覚めていない若者たち、〝眠《ねむ》れる志士〟たちに対して、龍馬先生からメッセージをいただきたいと思います。

明治維新《いしん》の志士たちは数多く生まれ変わってきている

坂本龍馬　いや、たくさんいるんだよ。もうすでに、明治維新《いしん》の志士も、だいぶ集まっているんだ。

もうすでに幸福の科学のなかにいて、幸福実現党のなかにも、一部、入っている。外側にいる場合もあるけども、もうすでに明治維新の志士たちの一部は入っているよ。

まあ、まだ落選記録更新《こうしん》を続けるかもしれないので、あんまり言えないけど、もうすでに一部は入っている。本人が慢心《まんしん》するので、あんまり言えないが、たくさん集まってきているんだ。

そのなかには、明治維新のときに、名をあげる前に斬《き》り殺されたことが悔《くや》しくて、やり直しに来ている人もそうとういる。「もうちょっと長生きしとったら名を遺《のこ》したのに、やられちゃった。くそぉ。闇討《やみう》ちしおって。もう一回、やり直しじゃあ」と思って出てきてる人もいるなあ。

光の天使も、明治維新では、全員の名前が遺ってるわけじゃない。途中《とちゅう》で死んだ人のなかに、偉《えら》い人もいっぱいいたんだ。

生きてたら、明治の時代に総理大臣になったような人が、いっぱい死んでるよ、途中でね。そういう、やり残しをした人は、今、もう一回、出ている。だから、活躍《かつやく》するはずだ。

「殺された人は出来が悪かった」っていうわけではない。優秀《ゆうしゅう》な人から、やられている。優秀な人は、目立つから付け狙《ねら》われるんだ。だから、亡くなった人がいっぱいいるので、そういう人が、今、もう一回、地上に出て、やり直そうとしているわけだ。

そういう人は、また、別の時代、例えば、戦国時代にも活躍したり、「大化《たいか》の改新」でも活躍したり、いろんなところで出ている。日本だけでなく、中国でも出たり、ヨーロッパでも出たり、いろいろ、やってはいる。

エル・カンターレ系霊団《れいだん》［注4］の特徴《とくちょう》は、けっこう、国籍《こくせき》を超《こ》えて活動することだ。そういうことが、けっこう多いな。

「時代の流れは、こちら側にある」と思って、粘《ねば》り強く頑張《がんば》れ

すでに維新の志士は入っている。

本人自身の魂《たましい》というより、「魂の兄弟」［注5］が多いけど。明治維新のころに活躍して、若くして亡くなった人が、いっぱいいるので、魂の兄弟あたりが、今、生まれている。そういう人たちが現にいる。

だから、今後、あなたがたが思っている以上の大きな力が出てくるよ。「今、自分らが持っている政治的な力は、このくらいかな」と思っているだろうけど、

その百倍以上の力が必ず出てくると思うね。

今は、まだ〝はしり〟だ。わしで言やあ、まだ、「土佐藩《とさはん》を脱藩《だっぱん》しようかなあ」って思って、行動し始めてるぐらい、まあ、こんなとこかな。土佐藩を脱藩して、四国の山中を駆《か》け巡《めぐ》ってるあたりが、今だよ。まだ何者でもない。何をするかも分からん。そんな感じかな。脱藩中。ほとんどの浪人《ろうにん》は、そうじゃないかなあ。

脱藩して何かをしようとするけど、その何かが、よく分からない。よく分からんけど、大変なことが起きてるらしく、時代が風雲急を告げているので、じっとしとれない。田舎《いなか》の藩で、じっとしてられないので、とりあえず脱藩して、とにかく、江戸《えど》なり京都なりに集まって、何かやらなきゃいけない。

何が正義か分からない。開国が正義か、攘夷《じょうい》が正義か、尊王《そんのう》が正義か、いったい何が正義か分からないけど、とにかく風雲急を告げていて、時代が呼んでるので、脱藩して何かやらなきゃいけない。

そういう状態が、今のあなたがたの状態だと思うんだな。

これから、方向性が固まってきて、恐《おそ》るべきことが、「えっ、あの幕府が負けるのか」っていうようなことが起きてくる。「あの幕府が負けるなんて」っていうようなことが、これから起きる。

もちろん、〝幕府側〟にいる人たちのなかにも、優秀な人は、いっぱいいる。かつてもいた。江戸末期、幕府側にも、改革者もいれば、優秀な人も、いっぱいいた。両側にいたわけだ。

ただ、時代の流れは幕府側にはなかったよな。それと同じだ。自民党だの民主党だのにも、優秀な人は、いっぱいいるけど、でも、「時代の流れは、そっちにはない」ということだ。

時代の流れは、次の文明をつくる方向に動いているんであって、今、あなたがたの仲間である人たちが、次の時代をつくっていくんだ。

そして、この世的にも、大川隆法という人が、「普通《ふつう》の新興宗教の教祖として一生を終え、それで終わった」というようなことにはならないような活動を、必ずするはずだと、わしは思ってる。

世間は、まだ、評判の良い宗教家程度にしか見ていないかもしれないけど、実は、「もっと使命は大きい」ということだね。それが、これからの十年で明らかになってくるはずだ。

だから、まあ、「自分には、明治のころに十分に活躍した過去世《かこぜ》がない」と思ってるような人もいっぱいいるかもしらんけど、「斬り殺された口だ」と思っといたら間違《まちが》いないよ。

今回は、すぐには殺されないだろう。まあ、ブタ箱行きぐらいはあったとしても、殺されはしないだろうから、粘《ねば》り強く頑張《がんば》ることだな。

強く信念を持ってやっているところに道はできるし、人も必ずついてくる。勇気のある人が、やはり要《い》るんだ。先頭を切る人は、そんなに多くはない。そういう人は変わりもんに見える。だけど、信念を持ってやることだな。

この国が良くなることのみを願っている

ここは、教祖さまも、去年、立候補したけど、まあ、ありえないことだよ。宗教では、普通は、しない。絶対、してはいけないことだ。どこの宗教だって、ちょっと、しちゃいけないことをなさいましたけれども、それは、もう肚《はら》を括《くく》っておられたんだと思う。

でも、ほかの宗教の人は、内心、「あの宗教は弟子《でし》が駄目《だめ》だな。教祖が立候補しなきゃいけないんじゃ、弟子は、全然、駄目じゃないか」って、たぶん言ってたと思うんだよ。

ただ、教祖の心境は、たぶん吉田松陰《よしだしょういん》と同じだったと思うね。「自分が出なければ、みんなが本気にしない」と思って出たんだろうし、「あとで骨を拾ってくれ」という気持ちもあったであろうと思う。

ほんとは弟子の仕事だ。政治そのものは弟子の仕事なんだと思うな。

十分に、いろんなところから見られて、研究されているんじゃないかな。

わしは、あんたも、ええ人だと思うなあ。出版の副社長か。惜《お》しいなあ。惜しいなあ。出版にいるなら、せめて、「坂本龍馬の霊言《れいげん》」だけでも売ってくれや、しっかり（会場笑）。すまんけど。日本国中にな。

「松下幸之助《こうのすけ》の霊言」も売れるとは思うけど、最近の人だからな。わしのほうが、古い分だけ値打ちがあるんだよ。ワインと一緒《いっしょ》だ。古いもんには値打ちがある。「ちょっとだけ古い分、神様に近い」っちゅうことだ。

だから、こっちも、しっかり売ってくれ。わしの本が何部売れるかは、何票入るかと、だいたい一緒だと思うたらええ。

もし〇万部かしか売れなかったら、それは、もう、党首以下、討ち死にだろうな。そんなわけにはいかんだろう。しっかり頑張って、やってくれ。

しっかり、わしらの考えを世に広げてくれ。恥《は》ずかしいこと、やってないよ。常に、「正しいことをやろう」と心掛《こころが》けてるよ。わしらは、あんたがたが、いくら賽銭《さいせん》をくれたって、懐《ふところ》には入らんのだから。でも、ほかに指導するところもないんだよ。

わしらは、この国が良くなることのみを願っているし、決して外国の植民地なんかにはさせない。また、「世界のリーダーに必ずなってみせる」という、強い最後の一押《ひとお》しをする。世界第二の大国にまでなって、これから没落《ぼつらく》していこうとしている国を、もう一回、支えに出てきているんだから、その心をくんで、何とか頑張っていただきたい。うん。

あなたにも、いずれ使命が下るかもしれないよ。

滝口　はい。きょうは、ありがとうございました。

［注４］エル・カンターレに帰依《きえ》している諸霊の集団を、「エル・カンターレ系霊団」という。これが地球系霊団の主流霊団である（大川隆法著『太陽の法』〔幸福の科学出版刊〕第１章参照）。

［注５］人間の魂は、原則として、「本体が一名、分身が五名」の六人のグループによって形成されており、これを「魂の兄弟」という（『太陽の法』第２章参照）。

あとがき

「常識破壊《じょうしきはかい》」もこのレベルまでいくと天才的だろう。坂本龍馬という人は、人の考えないことを考える、「逆転の発想」の名人であろう。

この人の新発想で、日本の国が、もう一度、洗濯《せんたく》され、明るい未来社会が開けることを心の底から望んでいる。「坂本龍馬が幸福実現党の応援団長である。」と名乗り出て下さったことで、党員がどれほど奮起《ふんき》していることか。新しい国創《くにづく》りへの一条の光が、見えてきたように思う。

二〇一〇年　一月十四日

幸福《こうふく》の科学《かがく》グループ創始者兼総裁《そうししゃけんそうさい》　大川隆法《おおかわりゅうほう》

『龍馬降臨』大川隆法著作関連書籍

『太陽の法』（幸福の科学出版刊）
『創造の法』（同右）
『国家の気概』（同右）
『松下幸之助 日本を叱る』（同右）
『坂本龍馬・勝海舟の霊言』（同右）

『大川隆法霊言全集 第11巻 坂本龍馬の霊言／吉田松陰の霊言／勝海舟の霊言』（宗教法人幸福の科学刊）
『大川隆法霊言全集 第43巻 悪霊撃退法』（同右）

※左記は書店では取り扱っておりません。最寄りの精舎・支部・拠点・布教所までお問い合わせください。

龍馬降臨《りょうまこうりん》

――幸福実現党・応援団長 龍馬が語る「日本再生ビジョン」――

2010年2月11日　初版第1刷
2010年2月23日　第7刷

著　者　大《おお》川《かわ》隆《りゅう》法《ほう》

発行所　幸福の科学出版株式会社

〒142-0041 東京都品川区戸越1丁目6番7号
TEL(03)6384-3777
http://www.irhpress.co.jp/

印刷・製本　株式会社 堀内印刷所

落丁・乱丁本はおとりかえいたします

ISBN978-4-86395-024-5 C0030

大川隆法 ベストセラーズ・混迷を打ち破る「未来ビジョン」

幸福実現党宣言

この国の未来をデザインする

政治と宗教の真なる関係、「日本国憲法」を改正すべき理由など、日本が世界を牽引するために必要な、国家運営のあるべき姿を指し示す。

1,600円

政治に勇気を

幸福実現党宣言③

霊査によって明かされる「金正日の野望」とは？ 気概のない政治家に活を入れる一書。孔明の霊言も収録。

1,600円

政治の理想について

幸福実現党宣言②

幸福実現党の立党理念、政治の最高の理想、三億人国家構想、交通革命への提言など、この国と世界の未来を語る。

1,800円

夢のある国へ――幸福維新

幸福実現党宣言⑤

日本をもう一度、高度成長に導く政策、アジアに平和と繁栄をもたらす指針など、希望の未来への道筋を示す。

1,600円

新・日本国憲法試案

幸福実現党宣言④

大統領制の導入、防衛軍の創設、公務員への能力制導入など、日本の未来を切り開く「新しい憲法」を提示する。

1,200円

※表示価格は本体価格（税別）です。

幸福の科学

あなたに幸福を、地球にユートピアを——
宗教法人「幸福の科学」は、
この世とあの世を貫く幸福を目指しています。

幸福の科学は、仏法真理《ぶっぽうしんり》に基づいて、まず自分自身が幸福になり、その幸福を、家庭に、地域に、国家に、そして世界に広げていくために創られた宗教です。

「愛とは与えるものである」「苦難・困難は魂を磨く砥石《といし》である」といった真理を知るだけでも、悩みや苦しみを解決する糸口がつかめ、幸福への一歩を踏み出すことができるでしょう。

この仏法真理を説かれている方が、大川隆法総裁です。かつてインドに釈尊《しゃくそん》として、ギリシャにヘルメスとして生まれ、人類を導かれてきた存在、主エル・カンターレが、現代の日本に下生《げしょう》され、救世の法を説かれているのです。

主を信じる人は、どなたでも幸福の科学に入会することができます。あなたも幸福の科学に集い、本当の幸福を見つけてみませんか。

幸福の科学の活動

●全国および海外各地の精舎《しょうじゃ》、支部・拠点などで、大川隆法総裁の御法話拝聴会、祈願や研修などを開催しています。

●精舎は、日常の喧騒《けんそう》を離れた「聖なる空間」です。心を深く見つめることで、疲れた心身をリフレッシュすることができます。

●支部・拠点は「心の広場」です。さまざまな世代や職業の方が集まり、心の交流を行いながら、仏法真理を学んでいます。

幸福の科学入会のご案内

◆精舎、支部・拠点・布教所にて、入会式にのぞみます。入会された方には、経典《きょうてん》「入会版『正心法語《しょうしんほうご》』」が授与されます。

◆仏弟子としてさらに信仰を深めたい方は、三帰誓願式《さんきせいがんしき》を受けることができます。三帰誓願式とは、仏・法・僧の三宝《さんぽう》への帰依《きえ》を誓う儀式です。

◆お申し込み方法等は、最寄りの精舎、支部・拠点・布教所、または左記までお問い合わせください。

幸福の科学サービスセンター
TEL 03-5793-1727
受付時間
火～金：一〇時～二〇時
土・日：一〇時～一八時

大川隆法総裁の法話が掲載された、幸福の科学の小冊子（毎月1回発行）

月刊「幸福の科学」
幸福の科学の
教えと活動がわかる
総合情報誌

「ヘルメス・エンゼルズ」
親子で読んで
いっしょに成長する
心の教育誌

「ザ・伝道」
涙と感動の
幸福体験談

「ヤング・ブッダ」
学生・青年向け
ほんとうの自分
探究マガジン

幸福の科学の精舎、支部・拠点に用意しております。詳細については下記の電話番号までお問い合わせください。

TEL 03-5793-1727

宗教法人 幸福の科学 ホームページ　http://www.kofuku-no-kagaku.or.jp/